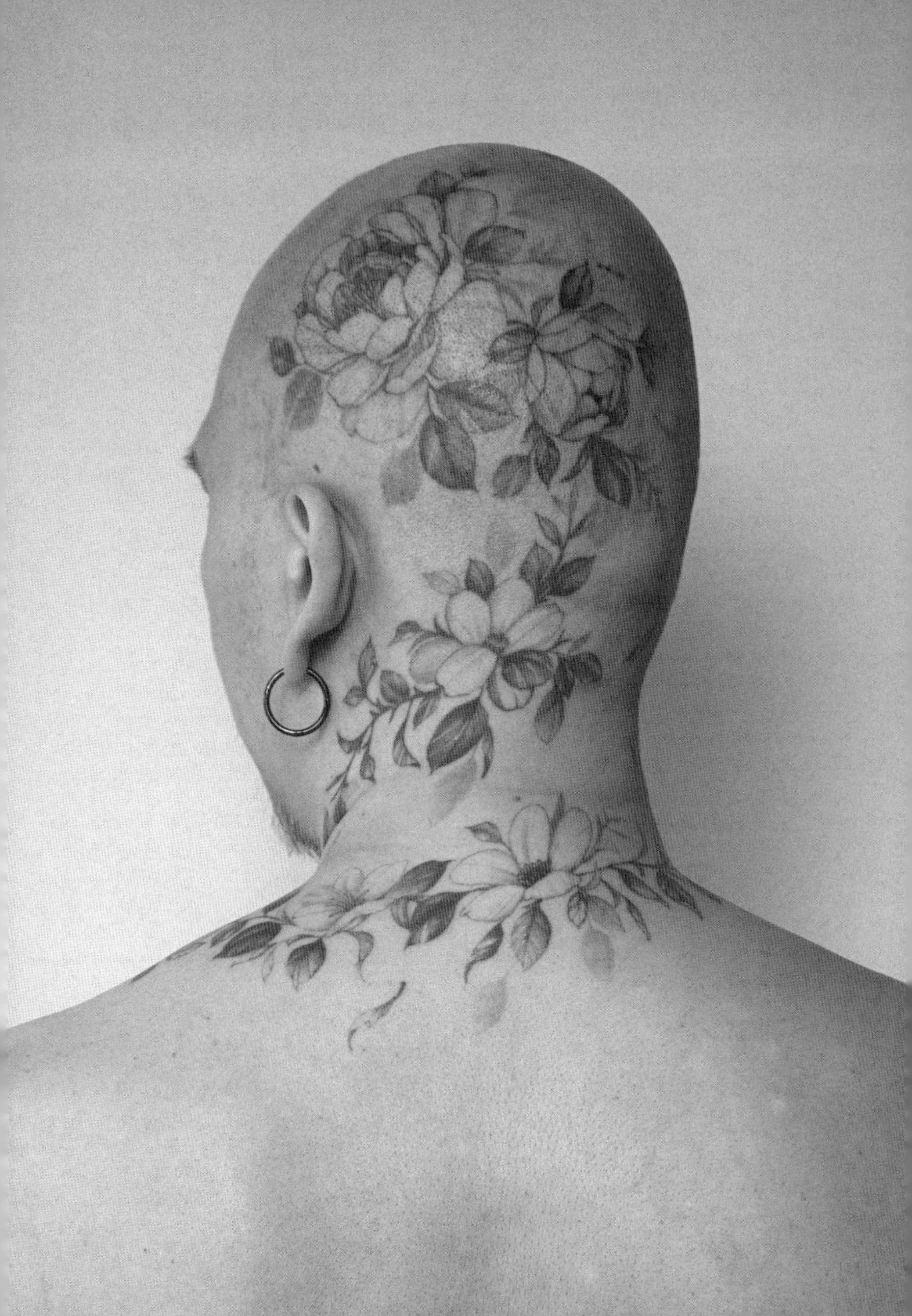

目錄 CONTENT

Chapter One × 兩性

Chapter Two × 家庭

Chapter Three × 教育

Chapter Four × 職場

Chapter Five × 生命

╳ 推薦序

大逆不道，如果逆的只是歧途，那終究該步上正道

常年和H一起在《新聞挖挖哇》節目錄影，每次坐在他旁邊，聽見他針對新聞，發表所謂大逆不道的點評，都讓我默默為他捏把冷汗。並非不同意，而是這些有違一般台灣社會普世見解的理論，總會不可避免地引來非議和戰爭，還好他心臟夠強大，選擇依然故我的做他自己，在此，我為H的膽識鼓掌喝彩。畢竟，兩性要有進步，需要有他這樣的先驅才行。

也許是嫁給美籍配偶 Shane 的關係，我常覺得台灣男女背負著很多枷鎖和

不公平。「是男人就要負責養家」、「職業婦女除了上班，還得包辦家務及照顧小孩」、「跟女生出去男人就該付錢」、「禮物的價格顯示男人追求女人的誠意」……等等。幾乎不太在乎兩個人價值觀是否吻合？或是個性氣味是否相投？著實令我大開眼界。說穿了，我覺得台灣男女不是在和彼此談戀愛，而是跟整個社會在交往。人家怎麼做，我們就如何進行，若沒有比照辦理，那就該被淘汰出局。於是，在女人嫌棄對方是軟爛男的同時，卻不曉得自己罹患公主病；在男人碎嘴老婆不會討婆婆歡心，卻沒意會自己其實是個超級大媽寶，大家就這麼互相傷害，卻不學習彼此體諒、相互珍惜。

身為一個獨立自主的女人，我愛我身邊的男人，而且還既愛護又愛惜。我認真疼愛老公Shane，感謝他對我、對家裡的付出。而他寵愛我的方式，也不是送多少禮、砸多少金錢在我身上，而是支持我每個人生的決定，後援我每個叛逆的行動。在我對夢想感到裹足不前時，他絕對是第一個在背後用力推一把的那個人，並且告訴我：「不要害怕展翅高飛，因為在妳不慎墜落時，我會牢牢接住妳。」對我來說，這才是老公的功能和存在的意義，而非金額無上限的提款機。所以當我翻閱H這本著作時，都忍不住點頭如搗蒜，因為許多觀點都跟我不謀而合。

大家對幸福的定義都不一樣，對伴侶的要求也不盡相同。然而，值得思考的是，我們對上述的要求，究竟只是符合大眾的期待？還是真的最適合自己？

如果大逆不道，逆的只是歧途，那終究該步上正道。

兩性作家　欣西亞

✕ 推薦序

不是應該更早嗎？是時候，走上你自己的康莊大道

這本書真是讓大家等太久了。這些「大逆不道」何嘗不是所有人內心嚮往，也真正該走的「康莊大道」？只是沒有人敢第一個站出來承認：對，我也是這樣想！對，我忍耐好久了啊！

多數人最怕的一件事，就是成為被人側目的黑羊，即使那是「活出自己」可能要付出的短暫代價。

H的語氣看似尖銳，其實是相當溫暖，他一直在做的事，就是「化作春泥

更護花」。時常為內心受傷的人發聲，讓痛苦迷惘而需要幫助的人，能看見活下去的希望和前進的方向。

在這裡分享一個沒有公開過的小故事：我在首婚（第一次結婚）當天，沒有潑水，更沒有哭著拜別；果然我大逆不道的天性，帶領我挺過了婚變的困境，活成了今天的樣子。

回到H寫書的苦心，並不是每一位「專家」都能用更成熟的高度，去理解自己的生命事件；然而「專家」的光環和權威效應，講出來的分析和意見，卻讓民眾深信不疑。不是鬆開難解的結，而是繼續打上更多死結，從而與自己的生命痛楚纏繞更久，將自己的一生，徹徹底底地活得苦大仇深。

強烈的是非對錯、二元對立衍生出來的許多觀念，正是讓許多人都無法走向關係的和解，生命的善解最核心的關鍵。

字字句句，都是愛的本質，也鼓勵我們要充分徹底地，善用自己的興趣，發揮自己的潛能，活出自己最飽滿精彩的人生。
就讓H的肺腑之言，引領大家走上自己生命的康莊大道！

臨床心理師、作家 洪培芸

× 自序

我今年五十歲。

從發行第一本書出道、開始上電視節目至今，剛好十五年。這期間，經歷過許多電視或網路節目的興衰，但我談論的不外乎感情、兩性、家庭，以及人性。

常常我坐在攝影棚裡面，聽著許多專家學者在講述感情議題，分析新聞話題人物的婚姻或不倫事件時，我的腦海都會陷入一片迷茫。

我常會懷疑自己的耳朵，懷疑自己究竟聽到了什麼？

有一種情況是——我聽到他們將不同載具上的新聞資訊，藉由他們的口中，不偏不倚的輸出給觀眾。

但我總會思考，如果只是如此，其實我們大可以自行閱讀，不是嗎？

另一種情況是——我聽到他們利用貼在自己身上的標籤，扭曲事件本身或背後所代表的意涵。

他們不在乎新聞記者得到的客觀消息為何（當然我們無法得知這些資訊是否完全正確，但那也只是我們能掌握到情報僅有的），接著他們利用切合自己身上的標籤，順勢站穩在那塊肯定能受到多數人支持的立場，然後自信地說出他們的意見！

在我看來，這種討論有時候是混淆視聽，甚至只會增加對立的言論。然而，卻可以替他們爭取到更多支持者（群眾跟著喊加一！加一！簡直像極了直播下單）。

還有一種情況是——即使和討論主題無關，但只要對流量有幫助，主持人依舊會順著主流趨勢聊，順著輿論方向走，彷彿為了主題準備好深度內容的來賓，成了一場主流趨勢訪談的見證者。

收集與準備或者分析資料，都是白工。

於是，在錄影結束後，我常會覺得我完成了工作，卻又覺得我沒完成工作。因為我的確在節目中說了話，但關於我自己的立場，卻只表達了百分之二十不到；而剩餘百分之八十的想法，我終究是吞進肚子裡，無從陳述。

就這樣累積了年月，我也逐漸「乏了」！

再加上，撰寫小說多年後，對於出版業已經感受不到新意、對於寫書也不再能享受其樂趣的我，經過這幾年的掙扎後，終於在這次決定，不再理會任何人的批評與閒言閒語，只想要好好地針對我這麼多年在媒體圈聽到、看到、參與討論到的各種人世間千奇百怪，來講出我自己一直以來想說卻沒機會說出口的話。

畢竟，對於媒體上的「專家」、「名嘴」，我一向不以為然，甚至，包括我自己的表現。

我發現這些現象的產生，原因不在於大家沒有想法，原因在於，每個局都有所謂的風向，而專家名嘴們，因為多年的打滾，早就可以很快嗅到什麼樣的話語、言論，可以順風而行、乘風而上，接著他們只需將那些虛虛實實，完美烘托成一場秀。

而那些一段又一段被記錄下來的影片，並不會有人去辨別真偽，或者判斷其對錯，因為每個節目都有各自的觀看群，一旦留言板被某種風向左右後，其實所謂的民主，在很多論壇或者影片底下的留言，根本就是一言堂，民主早已死亡。

今天，我只想在我自己的書裡，也任性品嚐一次「一言堂」的滋味。用我那不同於一般人的生命歷程，有別於一般人的身心狀況，以及或許高於一般人的敏感神經，來告訴大家，我認為哪些事情根本就是狗屁，根本不需要再繼續遵循。

拿掉那些在節目上的冠冕堂皇，拿掉那些虛虛實實烘托而成的假象，真真切切地在書裡說話。

這就是我這本書的自序。

我要暢所欲言，大逆不道。不再在乎什麼人情義理，只在乎我心中真正的真理。不想再忍耐那些高來高去的專家，講那滿口毫無邏輯、卻無法自圓其說的話語。我想說出自己心中認為，人生真正應該遵循的「道」，究竟為何！

理由無他，因為我是個創作者、是個觀察家，更重要的是，在這樣的時代裡，我自我覺醒，除了創作以外，我更是一名思想家。我想，我們都可以成為自己的思想家，否則，在這混亂的世道上，又該如何自處呢？

如果我的書裡，有絕大多數你不認同的想法與看法，請您闔上書本，放回書架就好，不需要搜尋我的粉專前來筆戰。我的癌細胞還在體內跳舞，我每天還要跟不定時出沒的黑狗對抗，所以勞您大駕，放我一馬。

如果我的書裡，有絕大多數妳（你）認同的想法與觀點，請您闔上書本，將它帶至收銀台，請店員包裝好讓您帶回家。可以的話，把妳（你）認同的地方拍下，上傳到你的社群媒體，標記我的書名。因為這樣會讓我省下很多的宣傳費用，妳（你）知道的！

在這本書裡面，我要挑戰「父權社會」、「重男輕女」、「傳宗接代」、「女權至上」、「做自己」……等各類議題。用我自己的文字與說詞，重新定義！

就醬。

如果沒記錯，這是H的第二十本書，我們即將開往大逆不道，麻煩扣好安全帶，我會控制好車速，讓大家舒適地馳騁在這條路上，一點也不顛簸。

準備，上路。

Chapter One

×

兩　性

第一話

誰說「除夕夜」一定要回公婆家吃飯？

「因為我離婚了，還不敢讓娘家知道，前夫帶小孩回公婆家吃年夜飯，所以我來了……」A女這樣說。

「啊，我和我先生鬧僵了，除夕夜我不想回公婆家吃飯，先生退一步假裝我有工作沒辦法過去，但是如果我回娘家吃飯，又會被我爸媽唸死，所以我來參加這個活動……」B女如此講。

這些話，都是我在二〇二〇年和二〇二三年除夕夜，所舉辦的「除夕夜團圓年夜飯活動」[1]時，來參加的女性朋友，她們不約而同的心聲。

當然，其中也有老人家。

我問了老人家前來的原因，她說自己原本就是單親媽媽，女兒長大後，找到好人家結婚了。可是這麼一來，當除夕夜來臨時，自己的家中就空無一人，沒有什麼人好團圓，因此就來參加我的活動了！

而我原本舉辦這種活動的目的，是為了聚集像我一樣，父母雙亡、孤苦伶仃沒有親人的朋友，大家可以聚在一起吃年夜飯，卻沒意料到，讓我看到的，是更多傳統的社會問題。

那些被「傳統婚姻制約」的已婚或離婚女性。

1　「二〇二〇年與二〇二三年，我分別在不同場地，舉辦除夕夜團聚活動——和H一起吃年夜飯。目的就是為了讓沒有家人的人、回不了家的人、因為私人原因無法有人可以團聚的人，在那個夜晚不感到孤單。估計以後的每一年，我都會舉辦。不收費，只要帶著團聚的心前往，享受當下和另外一群人團圓的感受，就能讓世界更美好。」

我雖然想說「年夜飯」這個傳統習俗立意良善，畢竟有個夜晚能讓不管因為工作繁忙或不同原因無法見面的家人，特意相聚團圓吃飯，很能體現家的價值。

但我真的想在這開宗明義的第一話，罵一句髒話：去他的「父權社會」！去他的「重男輕女」！去他的莫名其妙「傳宗接代」觀念！

在開篇第一話，我想要開門見山地點出，我寫這本書的最大原因，就是因為上述的三個觀念，不只箝制了我們，還綁架所有現代男女，甚至影響了後代。

「除夕夜」是家家戶戶團圓的日子，我們藉這個日子可以一家團聚，因此才會有年假，不管多麼辛苦的工作，到了這個時間點，都能有一個理由，可以放下手邊讓人喘不過氣的一切，回到家裡，和家人一起重溫、感受天倫之樂。

然而，華人社會中，這個習俗事實上是以父親為中心、以男性為中心來維繫的。

如果一個小家庭裡面，身為父親的男人，他原生家庭裡的老父親也還健在，那麼，這個小家庭在除夕夜那天，必須回到老父親的家中，和先生的原生家庭一起團圓。至於這個小家庭裡面的媳婦，也就是妻子的原生家庭，究竟和誰一起吃團圓年夜飯，就瞬間變得不那麼重要了，只因為這是習俗，是一種既定的規則。

說實在話，我對此相當不以為然。

原因很多，讓我們先說些不算特別的狀況。

如果妻子原生家庭的爸爸媽媽都還健在，他們也都還有其他未「出嫁」的女兒，又或者也有其他若干兒子，那麼不管兒子們娶了太太與否，這個原生家庭的年夜飯，看起來似乎就在這樣的運作下，雖不夠圓滿（因為嫁出去的女兒已經隨先生到公婆家吃飯），但也算是團圓。

但對我來說，為什麼要「大逆不道」的原因就跟革命一樣。

因為原本的作法已經不合時宜，因為這個規定已經不符合現代人的需求，因為這個習俗已經讓現代多數人難以接受，所以需要打破傳統，重新制定規則。

當然會有人問，哪有什麼不合時宜？因為大多數人的家庭，就跟我上面描述的一樣，何必故意搞破壞？何必標新立異顛覆傳統？

事實上，以現在的離婚率來看，幾近一半的家庭都是離異的狀態，這麼一來就會產生一種結果，那就是許多人都是來自單親家庭。而這樣的趨勢，只會越來越高，不會降低。（為什麼離婚率只會高，不會低，也會在本書後頭說到）。

另外，因為現代人晚婚的趨勢，也使得結婚人口的原生家庭，雙親都還健在的比例逐步下降（年紀老邁所致）。於是已婚人口的原生家庭當中，父親或母親已經過世的機率提高，也就是說，結婚人口的原生家庭，成為單親家庭的情況增加了。

再者，少子化的狀況日益嚴重，這意味著一個家庭裡面，可能只有一個兒子，或是一個女兒。如果把上述幾種社會現象綜合比對的話，一個家庭裡，只有一個單親父或單親母，配上一個獨生子女的家庭組合，就越來越多了。

而這就是未來社會可能演變的趨勢與狀態。

那麼我們可以回過頭來討論，為什麼除夕夜，媳婦不應該回娘家吃飯呢？答案就是，當身為媳婦的女性，她的原生家庭只有一個父親，或者一個母親時（已成常態），而除夕夜到了，明明是家家團圓的溫馨時光，就因為女兒結婚，「嫁」給了另外一個家庭，於是原本辛苦養育女兒長大的單親父，或者單親母，就成為獨自一人在家吃年夜飯的孤單景象。想來，這樣的個案不會是少數，既然基數大增，又何必讓這種不人道的習俗繼續？

當然會有人說，大年初二可以回娘家呀！

然而這就回到我在這章節開宗明義提到的傳統觀念。為什麼妻子回娘家團聚的日子，必須往後延至第二天，而不是在大家都認定，所謂一家團圓的夜晚呢？怎麼說了要男女平權的你們，在這時候，卻又認為還是要以男性家人團圓為主呢？

討論至此，我們都還沒去討論到，那些隨著先生回去公婆家吃年夜飯的媳婦，到底是回去團圓，還是回去當女服務生，甚至遭受婆婆或姑姑們的欺凌呢？

試問，有多少媳婦回去公婆家是被當作兒女對待，而不是被當作女工使喚？如果在這麼現代化，講究兩性平權的時代裡，連這麼簡單的習俗都無法因為人民的自覺，而潛移默化地改變的話，我認為，這個社會一點進步都沒有。

當然，也會有男人提出：「如果是那種單親的原生家庭，就當作特例，讓人太太把自己的單親爸，或者單親媽帶來一起吃飯不就行了？」

這聽起來雖然像是一種美意，但我就問，那叫團圓飯嗎？太太的單親爸或單親媽，是一種附屬品嗎？難道他們自己原本的家庭，不能夠在「大眾都承認應該要團聚」的日子裡，自個兒人吃飯團圓、談心、聊聊彼此近況？

再者，如果要改變一個社會的風氣與觀念，絕對不是用「把那些人當特例來處理」就可以翻轉（一如當初討論同婚的法律時，絕不是把同婚當作特別法）。

今天這個社會習俗的問題在於，華人總認為父系社會的我們，就應該以丈夫為中心、以丈夫的原生家庭為中心，如果不徹底改變這觀念，先把相關衍生的風俗轉化，那麼這個社會就永遠無法做到兩性平權，甚至還會連帶發生更多社會問題。畢竟，過年是婆媳問題最嚴重與緊張的時期，都眼睜睜看著問題發生了還要沿襲傳統，接著發生社會問題，再來新聞探討，這種循環難道不能終止？

所以，在第一個章節，我想說的很簡單。要打破父權社會結構，首先要做的事情，就是先讓已婚女性，一樣享有除夕夜「一家團圓」的權利。

讓她們可以回到原生家庭吃年夜飯，不是特例，而是改變傳統習俗，成為常態。

讓媳婦不是附屬品，讓每個家庭的地位都平等。至於想要有媳婦一起團圓的公婆，可以等到大年初一，或者其他日子，再一起吃飯，就可以解決這個問題。

這種事情雖然不能立法，但我們民間能自己做到。

大逆不道第一步，就是先將父權社會結構鑿出一道裂縫！

第二話

小孩不用冠父姓

每回去演講時，我常被問到一個問題，那就是我為什麼叫做「H」？

通常我會用一段笑話帶過。

「因為H是我的日文名字『Higashi』的第一個字母，而我在取筆名的時候，壓根兒沒想過自己會用這名字走跳江湖這麼多年，所以就隨便選了個『符號』……」我這麼說。

「這樣很棒、很方便，大家都記得住，畢竟只有一個字母……」來參與的聽眾們回應道。

「不，這一點都不棒！當你們聽完演講回家，想要在網路上搜尋某個公眾人物，他卻叫做『H』時，你們首先會找到『H&M』這類的國際知名品牌……接著你們會想說，他是名作家，於是把H加上其他和作家相關的關鍵字一起搜尋時，你會發現『H漫』或者『H小說』……」我無奈且尷尬地說。

「但對觀眾來說，很容易就能叫出你的名字吧……」聽眾們忍住笑意繼續追問。

「是呀，因為只有一個字母對吧！我曾經在商店門口被粉絲認出來，手指著我，大聲喊著：『你是、你是、你是……』，我點著頭，想說被認出來了，正要承認時，對方最終喊出：『你是……K……！』於是我站在現場，哭笑不得，不知道該承認與否……」我說。

通常聽眾聽到這裡時，會情不自禁地笑出聲來，但我會接著說：

「不過有一次在錄影後台我遇到藝人洪都拉斯，他跟我說：『你那個沒什麼，有一次，觀眾在路上看到我，也是指著我半天說『你是、你是、你是……』，最後大叫說『你是……尼加拉瓜……』」聽到這當然換我笑了。洪哥接著說：

「你只是字母換了，我是連國家都變了耶……」當然啦，我是不知道洪哥是否在安慰我，但總之，我是不太介意名字是什麼……通常關於名字的解答就到此為止。

但我心裡，是有疑惑的。

因為每每被問到這題時，我都很想反問，那請問為什麼你要姓「張」呢？為什麼你要姓「王」呢？最重要的是，為什麼你要冠上父姓，而不是母親的姓呢？

我其實很想藉由這麼簡單的問題回應，答案就是「領地劃分」的觀念。

我們常聽到戲劇裡講到的一句話。

「我生為李家人，死為李家鬼。」我聽完直想笑。靈魂，也得被你冠上名字，也得被你貼上標籤，也得歸你管理嗎？

這種父權社會遺留下來的毒，到底要到幾世紀之後，才會被解開？

當然啦，有人驕傲於自己出身於什麼世家，喜歡用那樣的姓氏冠在自己身上，那是自身的自由，我管不著。

我想說的是，在這個網路極度發達，在社群媒體上認識的人都是一堆「代號」，當你每天都只是面對一個頭像，和對方在網路上聊天，可能認識個一、兩年之後，見到本人都還叫不出本名的時代，請問，糾結於這樣的姓氏規範，到底有哪門子意義？

我開宗明義就說了這本書我只想寫我想講的事。

在我自己的成長過程當中，小時候每到清明時節，我就得回到苗栗去掃墓。我們要去掃墓的地點不只有一個，而是兩處。

我的身分證姓名欄上，姓陳。因此回到苗栗的時候，我們要去拜姓陳的祖先，然而實際上，我爺爺本姓駱，因為駱家人生的小孩多了養不來，就將我爺爺送給姓陳的養了。

於是，我們回老家的時候，就得要去祭拜陳姓祖先，以及駱姓列祖列宗！

姓陳和姓駱這兩個選項，如果你要讓我選的話，我肯定選駱，畢竟稀少，畢竟聽起來比較特別呀！

然而，我現在是陳家人！但我對這個姓氏一點都不滿意！可是現在的法律規定要更改姓氏，只能更改成母姓或父姓，如果我想改回駱姓，得要花多少功夫，甚至可能根本沒有辦法達成這個結果！

人生短短數十年！我就問，在這短短幾十年當中，我連自己的名字都無法選擇，我連自己的姓氏都無法決定，我們到底擁有什麼自主權?!

如果你想「做自己」，是不是從這件事情下手最根本呢？

當然我把問題的重心扯遠了，因為對我而言，要姓什麼、叫什麼，都已經是一種「絕對屬於自我的自由」，但是在所謂政府管理或社會風俗影響之下，我們目前只能有父親或者母親的姓氏可以選擇，請問到底為什麼第一順位必須是父親？

為了繼承財產？（錯，即使冠母姓也有繼承權）為了方便政府單位管理？（錯，在戶口名簿上或身分欄上，都可以很清楚統計出哪戶有多少人口）為了什麼?就為了父權社會的傳統繼承!

為了讓家族的族譜上,可以看到某個姓氏的家人,男生一路延續香火下去,族譜開枝散葉,有如孔雀開屏般美觀!

但就因為這樣的觀念,後果是媳婦得要背負生男丁的責任;造成的後果卻是,當一個家庭裡面,媽媽生下了男孩與女孩時,女孩會受到重男輕女的對待,會造成女性心理失調、心理創傷,甚至喪失了自己在家裡的地位而感到沮喪,嚴重一點的,這個女孩得花一輩子,去療癒自己的童年。

為什麼呢?

因為女生就算冠上爸爸的姓,之後會結婚嫁到別的家庭,就算再怎麼優秀,都和自己的家庭無關。

因此冠上父姓的影響,不是只有「拉人組隊」這麼單純的觀念,意思就是,並不單單只是在讓自己的小孩屬於自己的家庭。它影響到的是,婚姻與女性被不平等對待,我就更不要去提,結婚後太太冠上夫姓的愚蠢了!

*****

在我認為血緣關係已經是天生枷鎖的前提下，我們又何必讓後天的姓氏、名字，將彼此牢牢捆綁至難以脫身，甚至失去自我和自由呢？

在更古老的時代裡，我前述的送養、過繼例子不勝枚舉；因為各種原因，利用諧音或是地點自創姓氏的故事，更是大有人在。既然如此，又何苦執著，讓原本就不知緣由的姓氏分類，成為現代女性受到不平等對待的其中一個源頭？

最後，我要好好回答一開始人們問我的問題：

「為什麼，你叫做『H』？」

因為，我就是我，只要一個符號代表得了我，我的行為讓你能認得出我，那麼，名字，尤其是姓氏，根本就不重要！

反之，當你做出來的事情根本不被人所記得，你的言行和名稱或符號也不相符，那麼即使你的名字再怎麼如雷貫耳，都不會有人在乎！

從一個孩子出生時，可以自由不被拘束地選擇自己的姓氏，我認為，那才是開始脫離父權社會的第一步，如此一來，孩子的人生，從起跑點開始，就不用被迫選邊站了……

這不但是擺脫「重男輕女」，還實踐了真正的「做自己」。

第三話

淘汰「嫁、娶、孝順」這些字眼

這一話，我想好好談談這些字眼，因為用詞很多時候會左右我們的想法。

我曾經在一篇討論兩性的文章裡，提到四種不該嫁的男人。其中一種，就叫做「孝順父母」的人。

為什麼？

我知道，偏激的人一看到「不孝順」立刻就高潮了（我自然也曾因為這樣的言論被罵個臭頭），這也是這時代的酸民或者讀者，最令人詬病的地方。每每一段訪問、一篇文章，他不管前因後果，只要聽到或看到裡面有哪句話、哪個概念，剛好符合（或不符合）自己現階段狀態所需要的立場，他就會代入自我，借題發揮，然後將發言的人貼上標籤，營造對立、逼人選邊站。

在此，我想引用導演李安說過的話：「**我不教小孩孝順，我只教小孩『愛』……**」

對我而言，愛才是這世界真正通行的語言，孝順則是一種情緒勒索，尤其，它還被建構在虛無飄渺的血緣關係上。

如果是懂得愛的父母，不會認為兒女在自己老後應當撫養自己，因為那是受孝順制約的結果，並不是真正「愛」的表現。

一旦我們教會所有人如何去愛，而非「孝順」，其實「養兒防老」也會自然而然地發生。因為，父母如果在養育子女的過程裡，付出了真正的愛與關懷，那麼被愛灌溉成長的小孩，長大之後，不會盲目地服從父母要求，而是會先愛自己，然後很自然地，因為感受到爸媽給予的愛，而正常地反饋。

試問，如果你是一個懂愛的人，如果你成年後有足夠的能力，這時當你見到一個長年給予你愛之人老去、罹病，難道你不會用同樣的愛回饋與照顧嗎？

這是愛的「養兒防老」。

反過來說，大家都知道這世界上有越來越多根本不懂得愛的人成為父母，不以愛去照顧小孩，甚至暴力相向，卻成天希望小孩反過來要「孝順」自己，這豈不是很可笑?!

這類不成熟的父母比例之高，絕對超出大家想像。自己都不懂得愛人，甚至還會傷害人，卻要別人反過來愛自己，只因為利用「親子」這層關係當作盾牌，然而盾牌之下卻是傷痕累累的孩子，這樣的血緣關係，難道不牽強嗎?

*****

再來，談談「嫁」以及「娶」吧。

我懶得去追溯或者引經據典傳統習俗如何形成，估狗就能得到答案的資訊，我不願意浪費篇幅再贅述。我想給予讀者的，是資訊經過消化、過濾、轉化後，甚至能再度創造新的思考邏輯的文字，這樣的出版物才有價值。

回歸正題，我想先舉一個小故事，說明某些習俗造成的笑果，以及背後代表的意義。

曾經有個瘦弱的女性朋友，在結婚儀式中，有一個流程是新娘被迎娶進門時，需要把放在門口的瓦片踩破。

然而結婚當天穿著白紗、打扮美美的，甚至為了這一天刻意瘦身了五公斤的新娘，腳上踩著高跟鞋，一時之間，她怎樣也無法將瓦片踩破。最終，在旁人的鼓譟與催促之下，終於踩破了瓦片，但也扭傷了自己的腳踝。於是，迎娶這天，這位了不起的新娘一路咬著牙、忍著痛，堅持走完了所有流程。

然而，這踩瓦的習俗背後所蘊含的意義，除了有「把不好的去除在門外」之外，還有一個更大的意義。

古語「弄璋之喜」是喜獲男嬰；「弄瓦之喜」則是產下女嬰。

踩瓦片的另外一層涵義，攤開來說，就是另外一種形式的「重男輕女」，希望婚後可以順利懷上男生，而非女孩！我真的很想請問，到底要將這種錯誤觀念，貫徹到什麼地步才肯善罷甘休？

所以，如果今天結婚代表「一個男人需要將『聘金』給予女方的原生家庭，接著男方得大費周章去迎娶一名女子進入自己家中」，我認為「嫁」這個中文字，可以被擦掉。

因為「嫁」不但是個動詞，字形中還隱含女方被「轉移」到男方家中的概念，如果結合「聘金」、「迎娶」等習俗，這個字眼，實際上就是印證了，結婚這件事，在華人的觀念裡面，女人被物化、被當作東西給人買走了。

反之，「娶」這個字眼，亦然。「娶」，就是，取得，女性。

當「嫁」、「娶」兩字放在一起，再配合上那些狗屁習俗之後，結婚這件事情，就絕非是一個男人和一個女人離開原生家庭，彼此獨立出來組成一個家庭的正常行為。而是男方在自己原生家庭，花錢和辦理一些「手續」，「購買」並取得了一名女性，進入自己家庭。

除了踩破瓦片這類男尊女卑的習俗之外，其他慣有儀式，或許確實有熱鬧婚慶、增添喜氣的作用，於我而言則是可有可無，在此便不作討論。但是這兩個字，和這整套流程操作下來，只會讓社會陷入一種男尊女卑的思維，甚至無形中我們會繼續一代傳一代，簡直都要溶進ＤＮＡ的最深處！

最後，我就問，如果今天我們談兩性平等，我們談女權，為何這些最基本的事情不去處理，反而在計較那些不重要的外顯事項？

想要徹底地談兩性平等，第一步就是要讓女性的價值，不是透過金錢換取來證明，就是要把每個女性都當作擁有尊嚴的人來探討。

因此，廢除「嫁」、「娶」兩字，廢除那些用金錢交換婚姻的習俗，在我看來會是第一步，因為如果這一步持續不改變，那麼後面的問題，就永遠不可能解決。

而那些衍生的問題，都會在後面的文章當中討論。

第四話

ＡＡ制是性別平權的基本禮貌

這幾年，不管是在論壇上或是電視節目上，永遠都有這無聊而且莫名其妙的一道題目。那就是「男女生出去約會時，到底需不需要ＡＡ制」

如果您閱讀這本書，不是隨意翻閱章節，倏地從這一頁開始看起，您應該理解，我想談的「大逆不道」，不但是要推翻重男輕女，還要顛覆父系社會！

我相信，如果您是女性，一定會認同我前面幾話所談的內容，因為，那些思維，都可以讓現代女性免除傳統的綑綁，甚至進一步達到性別平權。

然而來到這一話，我相信問題就逐漸進入詭譎的氛圍了。

試問，ＡＡ制到底是性別平權的一種形式，還是萬惡之源？

我先來說說自己的經驗吧！

我今年五十歲，我和女生出去吃飯的經驗裡面，有百分之九十的比例都是我主動請客，不管費用多寡。剩下百分之十的對象可能是我的長官，或者對方是長輩，又或者是對方是想要表達感謝。

是呀，我很早就說過了，我是大男人，我認為，男人和女人出去吃飯，就是應該要請客。

為什麼？因為我骨子裡認為，男人比女人強，賺的錢比女人多，強者保護弱者，能力越強，責任越大！

這是我心裡面的爺兒們，是上一代的大男人精神中，我認為值得保留的。然而，我從二十歲請到五十歲，這成千上百的女生們，最終都成為了別人的女友、妻子，而我呢？你會以為我覺得「幫人家養老婆」不值嗎？不，我從來沒有因為這樣的事情感到自己浪費了什麼。

因為我是真正傳統大男人。而我很清楚，這些女生朋友在被我請客的同時，儘管大部分人根本沒覺得不好意思，也不覺得自己「佔了便宜」，甚至嘴巴說「下次換我請你」的口頭承諾也鮮少成真。因為，即使是下一次，我依舊會請客。

問題來了。我可以當我的大男人，付我的錢請客，但是你應該要把這事情當作理所當然嗎？

我覺得不然。

有太多女生告訴我：「連追求一個女生，出去吃飯都要ＡＡ制的話，這個男人就不值得依靠了」。

我只想說，說這種話的人，讓兩性平權的觀念直接倒退二十年！因為這個想法曝露了妳物化自己的心態，妳認為自己多高貴、多有價值，所以追求妳的一方有義務替妳買單？

當妳和某個人出門交朋友吃飯時，這個朋友（不管是男性或女性）想要將彼此的錢算得清楚，是因為他不想佔妳便宜，同樣地，他也不想被佔便宜，存有這樣心態的人，為什麼就會變成一個不值得依靠的人呢？

或許沒有主動替妳買單的這個人，把錢留給家裡的寵物做醫藥用途，或是把大筆的金錢分配到未來的投資上了，這些情況，妳曾經想過嗎？

為什麼一個女性（或男性），不能接受和另外一個人出去吃飯時，去「同理」對方可能的狀態，理所當然各付各的帳？最可悲的是，只能用單一價值觀來認定「這樣的人不值得依靠」！

「出門吃飯，自己出錢」，僅僅是實行如此公平的行為，在這個時代裡，竟然成了異類，竟然被判定成了一種「往後如果結婚，就絕對不會把錢花在自己身上」的伴侶類型？

妳怎麼知道，或許他就是因為把錢花在自己家人身上，所以才不願意將錢分配在尚未成為家人的妳身上呢？

如果按照這邏輯，這個男人和妳成為家人之後，他是不是就有可能把錢全部花在妳身上，而不是交際應酬和模型玩具呢？

反過來想，單憑一個行為，而且是單憑一個因為自己沒有佔到便宜的行為，就去評價一個人的好壞，這樣的女性，會是一個懂得客觀思考、值得交往甚至長期生活的對象嗎？

站在男性的立場，我可不認同。

再者，最重要的一點，就是我一開頭說的。

「ＡＡ制」才真正能讓女性保有地位與自尊。因為這種行為能讓女性不會因為吃了人家的幾頓飯，或者因為被請了極度高級的餐點之後，和男性有了進一步的關係而落人話柄。畢竟這種模式，才真的會讓男人看輕女性。

因為這會讓男人覺得：

「所以這段關係，是可以用金錢價值衡量的？」

「滿足妳的虛榮心之後，妳就可以滿足男人下半身的慾望了？」

試問，在這樣的模式下的交往，怎麼會讓男性看重女性？又怎麼讓女性有底氣、有立場去強調性別平等？

回應前面一話。

如果妳嫁給對方，一定要對方的原生家庭拿出聘金來，那就如同妳和對方交往一定要對方出門請客買單，完全是同樣的道理。

都是藉由物質換來的關係，都是對價條件下的結果。試問，男尊女卑、重男輕女的觀念，除了代表默認且承襲原有的傳統之外，這些行為，難道不會助長？難道不會對這個時代的兩性關係產生影響？

我的結論是，用「ＡＡ制」和妳出門約會的男生，或許妳可以解釋成他的金錢習慣比較保守，但毋需認為這個男人不值得依靠，畢竟還有太多面向可以觀察。或許妳也可以解釋成他在保障妳的女權和男人一樣重要，尊重妳賺錢的能力以及男女間的平等地位！

反過來用男人的立場講這件事情。

對於一個男人而言，一位明知道自己在追求她的女性，出門吃飯、看電影、逛街都堅持「ＡＡ制」的習慣，會讓男人很明顯地在這位女性身上加分。

因為男人會清楚知道，這個女性不是用物質可以打動的對象，不管是未來交往了或者結婚後，她都不會因為其他男人開出更高的價碼，而改變心意。

這是懂愛的女性。

很可惜的是，現在各大論壇上仍然會因「ＡＡ制」而衍生如此多的討論，原因就在於擁有這類觀念的女性越來越少，更可怕的是，她們根本不理解這樣的行為背後，正在將「男尊女卑」的觀念，持續推波助瀾……

如果您要聽信那些「如何從男人身上得到好處」的專家所言，那麼閱讀至此，誠摯建議您可以直接把書放回書櫃了。

第五話

挑結婚對象，別看表面的「一加一大於二」

我有一位年過四十，依舊非常貌美的女性朋友。

每次見面，她都會說出令人驚愕的前任故事！像是在一起沒多久就會咆哮、動手打人的前任，或者是每次叫她過去都只是要上床的前任！

又或者是最近一次見面，她告訴我，她很喜歡現在這個男友，但是他們已經半年多沒見面了，只要她想過去找他，男生就會說有事、很忙、要拚事業，不怎麼想見面。

最後她邊哭邊說：「我要的很簡單，也不需要男生太有錢，普通人就好，只要他願意愛我，可以回應我的感情就好了……」聽著聽著，我也覺得這朋友感情路好崎嶇，好替她不捨。可事實上，她先前講的會打人的是藝人，只上床的是男模，半年多沒見面的是身價幾億的小開，而這樣的對象，竟然就是她口中所謂，要的很簡單的男性。

許多女生在找對象的時候，總習慣把一句話掛在嘴邊，那就是「一加一要大於二」。

在我聽來，如果以她們找男人的習性來看，她們指的「大於」，其實很單純就只是一個人的「資產」加上另外一個人的「資產」，平均起來之後，要大於原本一個人的資產。

而通常以「誰」的資產作為比較的基數呢？就是女生自己。

這意味著，找對象的時候，男人的收入，男人的家當，男人的資產一定要大於自己，否則這個婚就不需要結了。

「如果結婚不是大於二的話，我一個人豈不是過得更好？」

然而令我不解的是，在新聞裡、在論壇上、在生活中，我們看到多少結婚的男女，就是因為當初婚前看上了對方的資產，將它列為結婚考量的首要條件，然而婚後，卻也因此發現兩人不適合，並且因此而離婚。何苦還要再執著在這一點上面呢？

偏執的女性或是酸民常會說：「反正醜的男人也會外遇，那就找帥一點的，還比較不吃虧」，一句玩笑話，卻在邏輯上左右了很多人的思維。

這就像是在說：「既然婚姻大部分都不美好，那麼找一個有錢的對象，就算離婚也可以獲得比較多的剩餘財產分配，不是嗎？」

關於這樣的邏輯，我很想說，正因為妳這樣想，所以大部分的婚姻才會越走路越難啊！

試問，當妳在尋找人生伴侶時，妳考量的條件是他當下的資產多寡以及他的收入高低，而忽視他的人品、個性、價值觀、兩人興趣、性事協調等各方面，那麼走到離婚這一步，也沒什麼好意外的了。

再者，回到這本書的核心主題，如果妳還這麼想，就是時候該大逆不道了呀！

怎麼說呢？如果早個幾十年，一個學歷不高的女生，一個謀生能力經濟條件不好的女性，在父權社會的荼毒之下，必須委身自己，勉強和一個不懂愛情、不會待自己好，但是經濟條件優渥的男生在一起，或許我們可以說，那是時代下的產物。

然而今時今日，女人個個出來搶錢，女性能力高漲，甚至賺錢的管道與方式，都不會遜於男性時，又何必還把「經濟條件」作為挑選對象的首要條件呢？

我們都知道，貧窮夫妻百事哀，然而貧窮夫妻的經濟好壞，在如今這個時代，並不是完全倚靠男性的收入，而是兩人的收入，甚至女性的收入多過於男生，都不是什麼奇怪的事情，又何必糾結呢？

換個角度想，如果男人以同樣的思維來尋找對象，不知女性們又作何感想呢？

當男人們也想著：結婚就是「一加一要大於二」。而他們也在尋找比自己富有的女性，這樣的婚姻才有意義。在不時聽到主張男女平等的社會裡，是否女性也能接受男性有這樣的思維？

很顯然，妳們會這麼想：「我們可以接受男人賺得比我們少，但不能接受男人抱持這樣的心態尋找對象！」

我想說，這剛好也是男人的感受啊！

當然啦，在這裡我也必須說，父權社會的遺毒，不是只有遺留在女性體內，有更多的，是留在男人血液中。

在這個時代變遷快速，男女雙方都還搞不清楚自己定位的時候，其實很多男人從小看著自己的爸爸在家中以大男人的姿態支配家庭，頤指氣使地對待他的伴侶，無形中，也讓男生對家庭的想像依舊停留在僵化的型態裡。

也就是說，現今很多男人還是不敢交一個經濟能力比自己強的女朋友，更遑論和一位名利兼備的女性結婚了！

可笑的是，女性明明經濟能力和社會地位都提高了，心裡面的不安感卻依舊存在。就好像是怕自己出門找不到工作、年紀大找不到對象一樣。

然而事實上，現在的社會因為網路帶來的巨變，男生其實並沒有比女生來得容易找工作或者收入高，在這條路上，兩者的起跑點與難易度，我認為相差不遠，只可能因行業別不同而有所差距。

也就是說，台灣現在面對結婚率低，或者很多人單身找不到對象的其中一個原因，就是我看到的，不敢「大逆不道」！

對我而言，女生想找比自己經濟能力好的人，就是在遵循正道。而這個所謂的「正道」，就是我一直想要推翻的「男尊女卑」！

因為女性從古代的低地位、低收入，所以想要找人倚靠，這是絕對無法改變，也無所詬病的循環。

然而女生並不知道的是，自己對家庭的定義，對另一半的要求，已經在逐漸轉變中。

女生自己的能力已經提高，早已不是那個只能夠待在家裡，煮飯燒菜、相夫教子的女性了。

在這樣的狀況下，女性要求另一半的條件，如果還停留在物質與資產上面的數字，而不是去了解這個男人是否也已經從父權社會走出來，進化成一個可以在家中打理家務，陪小孩玩的中性特質男人時，那她仍然會走向「一個高收入，但活在過去的『大男人』」，最終則因為「個性不合」而分開。

不然就是「女人一直在追尋比自己高收入，然而卻不停錯過身邊其實收入尚可，但其實已經進化成『新時代男人』的好對象」。

當然我很清楚，大家都很貪心，可以的話，最好是找到一個「已經進化的新時代男人，同時又擁有高資產」。然而，我只能告訴女孩兒們，有錢的男人如果沒有修身養性，那麼外在的慾望絕對會吞蝕掉他內在的堅持。古今中外，無一倖免！

或許萬中選一，真有那麼幾個極品男人！

但當妳們心存想要賭一把，自己有可能就是那個「幸運兒」的心態時，其實就恰恰落入「父權社會」的窠臼當中，那是舊的道路，該轉向了！

如果妳有導航系統，麻煩輸入「大逆不道」，去找尋真正匹配自己，而不光只是鎖定在財富上的男性吧！

第六話

都什麼年代了，還在「男主外，女主內」？

我在三十幾歲的時候，給「成熟」這兩個字下了定義。

「成熟」意味著不對任何事情下絕對的界線判斷，例如對與錯、黑與白。

因為在成人世界裡，不需要遵照校規。或許你必須遵守法律，然而「法律」這件事情，常常也是被懂得利用或是有錢操控的人，所翻弄的一種遊戲規則而已。

題外話，由「成熟」這個話題衍生出來的特點，我卻在自己喜歡觀賞的運動——ＮＢＡ職業籃球世界裡，看到了「進化」。

從最原始的「後衛主控球，分衛主得分，前鋒主搶籃板，中鋒主制霸籃下」，每個角色都扮演好自己，兩邊隊伍開始捉對廝殺，一直進化到現在的「進攻籃球」。

進攻籃球是，中鋒可以拉到三分線外投射，甚至不管哪個位置的球員都可以控球，結果很可能是一場比賽中，所有精彩的數據都集中在同一個人身上。這意味著場上五個人的角色分野，越來越模糊，因為每個人兼具的能力變多了，角色可以隨時替換。

又或者，某些球員的三分球準確率可以高過於中距離，他們的三分球投射範圍被練到越來越遠，打破常理。

因此，對我來說，成熟以及進化，就是打破常規、模糊界線，包括角色的界線。

話題拉回到「大逆不道」這個主題上。

傳統來說，男主外、女主內，因此女人最好要學會煮飯做菜、打掃家裡、照顧小孩、服侍長輩，而男人只要……會賺錢？

其實我想這整本書裡面，最不需要被我強調的主題，大概就是這一話「男主外，女主內」。只不過，我想把它單獨拉出來討論的原因在於，如果我們渴望兩性能和諧相處、平等對待，那麼這條分界線，就應該模糊一些，又或者說，能夠適時調整。

為什麼？

因為現在女生會賺錢了，甚至比男生賺得還要多；因為現在不生小孩的頂客族比例越來越高，更常見以養貓狗取代小孩；因為家裡男主人、女主人都是上班族的比例也越來越多，大家都忙，回到家後都是累得半死的樣子。

這表示了什麼呢？

這表示著我們不再適合過去社會的角色分工，女人已經學會了男人的技能，所以，男人也應該學會女人的技能。

以籃球運動來比喻，就是如果中鋒也能運球過半場投三分，那麼男人就要會做家務、洗衣服、煮飯！

於是，現在不僅出現了「月薪嬌妻」，出現了「家庭主婦也應該是有薪工作」的論調，而且當多數現代女性都能夠自己賺錢，但是她們回到家還是家務、孩子的主要照料者時，她們也開始要求同樣在賺錢的男人，回家後也要儘量分擔家務、照顧小孩，這麼一來，兩夫妻不僅分擔了外出賺錢的責任，就連家務分工的角色也可以隨時變換。

這樣的生活模式難免會面臨各種挑戰，然而似乎男女平權的進展，明顯地往前走了一步。

不過，現在事情卻發展得很弔詭。

弔詭在於，有很多言論或者書籍，在單方面灌輸女性，一旦有收入之後就要「做自己」，傳授一些如何訓練男人單方面負責家務的伎倆，這一點讓我對於所謂的女權，又感到一陣暈眩。因為這是倒退，不是前進。

如果女性開始賺錢之後，換了位置，也換了腦袋，就此忘記過去女性在家裡勞動的辛勞，反將自己身為女性也可以出外賺錢的這件事無限上綱，勞動事務就交給體力原本就比較好的男性全部處理即可的話，那麼男女永無平等的一天。

我說了，成熟與進化的定義在於模糊界線。其實在感情上，應該叫做分工合作，互相掩護。

如果妳開始賺錢後，發現自己回到家後的行為，跟傳統的男人出去賺錢後回到家當大老爺的心態一樣時，請問妳怎麼談男女平等，又怎麼論分工合作？

如果妳是外出賺錢的那一位，而妳的另一半是包辦家務瑣事的那一位，但是他每天把家裡整理得一塵不染、還料理三餐，妳是否會認為對方不事生產、沒有未來呢？

在現在這個不分男女，人人都有機會斜槓賺錢、在家工作的時代裡，每個人要斜槓的不是只有工作的類別，還有在家中的角色。

不管你是男是女，你都應該擁有賺錢的技能，而且能在越多方面增加收入越好。

同時間，在你與另一半組成家庭的時候，也應該學習家務相關的生活常識，就算你的原生家庭裡沒有一個人是這麼生活的，你都應該學習改變，因為這才叫做「進化」。

如此一來，在你們組成家庭之後，便可以很有彈性，不僅能稍微變換隊形，還能角色互調。

「角色互調」這件事情，不是僅限於某一段時期，而是要體現在每一個生活中的瞬間。

例如，當女生的工作訊息進來時，男人要立刻將女人手上的家務接過來，不管是洗碗、煮飯、打掃。

當男人需要出門應酬時，女人可以立即接手開車這項工作，負責接送，確保先生安全，也可以不讓先生在外面失態。

當然所有的例子，都可以角色對調，因為男女都應該做得到，也必須做得到。

這樣一來，男女平等這件事，會進化到另一個程度，你們的家庭，也會成熟到不分你我，能夠同理對方，讓事情進展得更加順暢。

而這件事情的重要性，與前述廢除「嫁娶」字眼一樣，都是讓兩個獨立的男女出來組織的家庭，能夠和彼此的原生家庭平行，具有很珍貴的意義。

不過，有太多人不僅在成長階段，受到原生家庭父母親在家裡的角色形象影響，更多的是，即使成家之後，還是得被家長的傳統思維左右。

比如當你們真正成立自己的小家庭，能用你們自己的「戰術」打球，位置可以隨時變換、隊形可以隨時調度，多棒！但是，這種十分具有彈性的做法，被某一方的原生家庭家長看到時，還是很可能會受到責難。

因此，麻煩每一個想要成家的男人、女人，不管是誰要賺錢，或者兩個人都賺錢，只要結婚就一定要搬出家裡，千萬不要與原生家庭同住！因為那才能徹底擺脫傳統的束縛。兩性能否平權，就建立在每一個這類的人生決定當中。

第七話

就承認「開放性關係」與「多元成家」吧

在網路論壇或者新聞討論裡，還有一種議題，會引爆人們的爭辯。

像是七十幾歲老翁和二十多歲年輕女性結婚，又或者是，當這個故事性別對調時。

當然，我們也曾經談過，有人迎娶虛擬偶像回家，甚至是買了昂貴的矽膠娃娃，當作戀愛對象或家人看待。

我不能否認的是，這類事件在日常生活發生時，因為和大多數人的生活不同，所以會有話題性是無可厚非的。然而，每個人都有自己的人生，也都可以寫出自己的人生腳本。

否則，國片《關於我和鬼變成家人的那件事》這樣的題材，票房也不會這麼高，這不就是因為我們接受了各種形態的「家」嗎？

還是說，只是因為演員顏值很高，所以才得到大家認同，而像是作詞人李坤城的那一對，似乎就沒有國外的老少配來得讓大家願意祝福？

這世界上多得是活在框架裡的人，然後指著框架外的人罵。

「你有罪。」

我從不鼓吹特定的關係型態亦或生活態度，只因為框架在每個人眼中都有各種不同型態，而你認為好的型態，不見得是我認為優的型態，更不要跟我談那樣做比較好、這樣做比較壞！

曾經，在某次唱歌聚會的包廂內，我和一群朋友聊著，忽然有人從隔壁包廂拉來一名女性，對方一屁股就坐在我身邊，說是我的粉絲，有重要的事想告訴我。

音樂很大聲，那名女子的嘴貼在我的耳朵上，雖然背景吵雜，但我聽得清楚。

「H，我跟你說，你在電視上，說得都很有道理，可是，我們的事情，你們都不敢講，因為你們認為我們是錯的……」

「你們，是指誰？然後，你們做了什麼呢？」我沒喝酒，清醒得很。

「我們，就是我跟我老公……」女子轉頭又喝了一口酒，再度貼在我耳邊「我們換人……呵呵……」女子笑了起來。

「換人？什麼意思？」

「我們，在隔壁包廂……有三對夫妻，我們會互相交換老公老婆，做愛……」她說得興奮，甚至稍稍撩起了我的衣服。

「喔喔，很好呀……」我不知道做何反應，只能點頭應和。

「你，要不要，加入我們……？」

最終，我才知道，這位女性想要傳達的是什麼意思，也是我這一話想要探討的「開放性關係」。

所謂的「開放性關係」，其實我並不想定義跟分析好壞。

我只想說，這世界上，存在著「開放性關係」，而至於是哪種開放，可能種類不拘、關係不拘，但就是存在著「非一夫一妻」制的狀態，但是依舊以家人或者家庭的型態生活著。

我給予最高的尊重以及接受。

討論這事情得回到生命本身的歷程，和其獨特性。

我們因為接受傳統儒家教育，因此習慣於類似的家庭觀念，但是若另外一個人是接受伊斯蘭教的薰陶成長時，他可能就會對家庭產生另外一種想法。

上述的原因是指整體社會文化而言，但其實更多造成人有各種型態的，除了天生的基因差異之外，就是成長的遭遇。

有人在社會的角落處，兒時就被性侵，或者從小就目睹性愛。

他們的生活對「性愛」一事習以為常。於是，對他們而言，家庭不見得是一對一的男女組合，甚至不是一對一的性愛關係，而是各種不同型態，只要是在他們的觀念裡可以接受的狀態即可。

就像有國外的戀童癖者，在自己小孩出生後，忍不住想要與自己的小孩進行性行為，但他知道這樣會造成孩子心理上的創傷，可是「戀童癖」這個癖好偏偏是他的天性。於是他組成一個協會，專門幫助戀童癖人士，藉由專業方法轉移注意力，改善自己的習性，迎合這個社會！

這種人有錯嗎？這和天生喜歡男人或天生喜歡女人的人一樣，他們沒有錯，但是他們知道，自己的行為會傷害到別人，因此他們去改變。

台灣的同婚法通過之後，有人會說，以後會有人和狗結婚，以後會有人和樹木性交。我認為這一點都不重要。那是每個人的自由，如果你不懂得尊重每個人的自由，那只是剛好證明了你正活在自己的框架之中，正在用自己的標準來看待萬物。

當我的家庭成員是一條狗，以及一株百年老樹，我認為這就是我的家，因為他們帶給我心靈上的安定，這就會是多元成家。

因為凡事皆有靈。

成家的重點，在於心靈的平靜，不在於肉體的結合，或是家族成員的表面和諧。如果一個家族聚在一起，每個人的心情卻無法達到和一條狗相處時的詳和平靜，請問，這樣還算是家人嗎？

我是說得極端了點，那就讓我再舉個例子。當這個既老齡又少子化的社會，如果有單身男女願意和獨居老人成立一個家庭，這個家庭裡面無關「性事」，只在於和諧相處；無關愛情，只在於互相照應。這，難道不能成為一個家庭嗎？

千萬別說多元成家是一種笑話。我今年五十歲，我沒有親人，我不在乎和誰一起成立家庭，我希望有家人，即使只是一隻貓，我都願意成家。

倘若，我在七十歲那年，和一個十五歲的男孩相知相惜，組成家庭，麻煩各位都不要用奇異的眼光看待我們，因為這會是以後的趨勢，「家庭」這兩個字的觀念，必須重新被定義。

必須用靈魂去看待人類的形體，而非外貌，而非物種！

最後回到一開始我提到的，「老少配」會在論壇上被討論得如此熱烈的原因。

對於聽聞這類「非一般人」的生活模式、家庭關係，會對其嗤之以鼻，或表示無法接受者，就我的觀察，以年齡層來分，無非是兩類人。

一類是傳統的老人家，對於事情有著根深蒂固、無法撼動的觀念。

一類是不成熟的屁孩，認為自己知曉世間一切事物，實際卻是以管窺天。

又或者，他們認為對的事，就以往而言，在教科書上來看是正道、是王道。

但是在看完這本「大逆不道」之後，請別再浪費時間反抗這些既存事實了啊！

第八話

我就是偏袒「小三」

我曾經在西門町的路上，被一名女性認出。

隨後，她像是情緒潰堤般不斷指著我，然後口中不停地碎念著：

「你，你，是你嗎……」她說，重複說著。

我在那瞬間有些被驚嚇到，因為她甚至拉了我的衣服，試圖想要和我表達什麼，但是卻半晌說不出一句完整的話語。

「對不起，不要這樣……」最終我轉身想走，因為我以為，我遇到精神上有些狀況的路人，而我並不想要得到一個傷害人或者被傷害的結果。

就在我轉身要離去時，我聽到她終於說出口的話語，然後我回過身。

「你是H，我要謝謝你，我要謝謝你，謝謝你，幫我說話……謝謝你……」

在我聽完這幾句依舊讓我摸不著頭緒的話語之後，她終於給了我答案。

「……因為……我也是個小三……謝謝你……」說完後，她向我鞠了個躬，然後換成她轉身離去，反留下我在西門町的熙攘人潮中呆立著。

如果我沒記錯的話，那個時間點，大概是我在網路上大量地替小三客觀的說話，以及謝忻事件爆發的幾個月後。

常常上節目討論小三和小王的話題，明星八卦出軌的「腥聞」，後來得到一個結論，那就是「女人只會為難女人！」

說了這是本「大逆不道」的書籍。我想說我自己想說的文字與內容，不想受酸民或是風向影響的心底話。

我感到納悶的是，明明一個事件發生的時候，會出現三種角色，為什麼只能夠罵其中一個角色，甚至那個角色，在絕大比例上，是個被動的角色。

當一個男人外遇，和一個小三偷情，被抓到之後，正宮要求提告小三「侵害配偶權」的時候，人們把矛頭指向小三，盡情地侮辱謾罵小三，卻從來不去了解，事件的背後、開始的契機，到底是小三有企圖地勾引男人，還是男人主動把自己的婚姻醜化，把自己和配偶之間的問題放大，藉以接近並且欺騙小三的愛？

我曾經在兩性的文章裡面講解過，我不排除存在帶有企圖心的小三，也就是人們口中的綠茶婊。她們處心積慮，就是想要獲得一個條件好的男人，也就是正宮口中的「婚姻破壞者」！

然而，我們捫心自問，在你生活周遭，這樣的女人，比例有多高？

像這樣在宮鬥劇裡，或者瓊瑤阿姨的小說裡出現的女性，比例能有多高？然而在我收到無數封自稱小三，或是婚姻被介入的正宮來信內容裡，更多的比例，是起於男人對於婚姻的不滿，抑或根本沒有不滿，只是想要享齊人之福，於是開始欺騙另一名女性，接近另一名女性，最後用肉體、金錢或愛情綁架了那名女性，讓所謂的小三活在陰影底下，無法見光，無法過著正常人的生活。

這一話的「大逆不道」就在於，不要再一味地欺負小三，雖然妳認為，妳的婚姻或許是因為這個女人的出現，而產生裂縫，甚至破滅。

但是妳要思考的點在於，那個主動去發起攻勢的人，通常是妳口中的好丈夫，通常是妳在經濟上仰賴的好男人，通常是妳捨不得將他放手的好老公。

妳可以不去責怪妳的先生，妳可以關起門來討論兩個人的婚姻裡面，到底出了什麼問題，是否性需求沒有被滿足？是否老公的性癖好與妳不合？是否老公患有性成癮症？還是老公在婚姻裡受到冷落？

但是在還沒有內部檢討之前，若妳選擇先想盡辦法追殺並且除去那個外患，若妳認為這是輕重緩急權衡之下最該做的事，我想告訴妳，以綜觀整個人生的視角來看，或許妳該優先處理的，是那個可能說謊，可能下次還會再偷吃，可能下次犯錯會做得更隱蔽的辣個男人！

一個外遇事件發生後，除了正宮的角色不講，事件培養出了兩個角色。一個叫做渣男，一個叫做小三。

要知道「渣男培養」理論裡，有很大因素是由於他被正宮所原諒，因為所謂的渣男，就是一而再、再而三地犯錯。因為他認為，最終再怎麼樣，自己都不會落得不好的下場，於是他繼續偷吃，最終成了不折不扣的渣男。

但我希望正宮要很清楚地理解一件事。

小三主動想破壞他人家庭的比例，實屬少數。當過一次小三之後，還願意在那樣的生活裡攪和的人，真的很少。

通常小三的形成，是因為被原諒、被寵壞的渣男，利用口蜜腹劍之術，將一個單純想談戀愛的女人，擄獲到自己身邊，最終當女人清醒過來時，發現自己已經愛上這個男人，但是這個男人，卻依舊說著「我會離婚，然後跟妳結婚」的謊言。

說到底，這個循環，和正宮還有那麼點關係！

*****

再換個角度講。

妳所看到的節目上的案例，小三猖狂地進逼人夫，想要把正宮踢開的事件，絕大多數都是萬中選一，又或者是加油添醋，倒因為果。

試想，一個政治中立的節目上，有可能在節目或文章裡，出現這樣的論述嗎——「小三的產生，是起於正宮和先生的夫妻關係經營不善，並且在先生選擇向外尋求慰藉之下，遇見了追尋愛情的另一名女性」。

不可能。

因為這個社會就是如此著了父權社會的道兒！

如果我要徹底推翻父權社會，就是要連這麼細的地方都提出來探討！

當男人外遇，女人們卻幾乎炮口一致對著小三時，就代表著這個社會，依舊被父權操控著，因為真正做錯事、做壞事的那個雄性，沒有人敢挑戰！

即便正宮已經擁有經濟能力，已經擁有社經地位，她還是會因為社會觀感，而不敢不維護自己老公，不敢支持同樣追求愛情的女性，反而本末倒置，硬要將所有罪過，推到另一位女性身上。

想做到男女平等，就必須在任何一個社會案例上，做出有別於過去的決定與結論。所謂的大義滅親，正是如此！

第九話

「媽媽和太太掉水裡」這蠢問題的正解

西元二〇〇〇年的時候，我和前妻正準備要結婚。

當時因為兩人都年輕，也不喜歡遵循傳統，因此很多事情討論得非常隨性。甚至像是婚後要住在哪裡，都是在一次很不經意地聊天中決定的。

記得當時我騎著摩托車，載著前妻往我基隆老家的方向奔馳。

「我媽說，她和二姨媽看上竹圍的房子，已經下訂金要買，她說婚後我們可以住在那裡，我們繳貸款就好……」前妻在後座如是說。

「是喔，可是我媽好像重新裝潢了我的房間，希望我們住基隆耶……」我說。

坦白講，二十幾年前，我對婚姻的觀念的確還是比較接近「結婚就是老婆住到家裡來」。

「那怎麼辦？」前妻問。

當摩托車在路上避開了一個窟窿後，我沒多想就開了口。

「什麼怎麼辦，看妳呀，我跟妳結婚，當然是希望妳過得開心呀！」

「這，好難決定喔……可是……我是希望我在家的時候可以不穿內衣啦……」

「好！那就住竹圍吧！」沒等前妻說完，我就下了決定。

*****

時間回到二〇二一年，疫情期間，大家都宅在家裡，這時出現了一個非常熱門的社交軟體，名為「Clubhouse」。

在Clubhouse這個APP火紅的時候，常常會在上面聽到許多不同的見解。因為在這個語音聊天社交平台上，存在著許多不同的「房間」，每個房間都歡迎來自世界各地、各種不同年齡的人參與對話，而我常會因為某個人、某句話，而有所觸發！

某次，我聽到一個非常值得探討的老問題，卻出現了新答案，在這裡和大家分享。

當時，有個房間標題是：一個老問題，當你的母親和太太同時掉到水裡的時候，你會先救誰？

上來回答的人當然有各種不同答案，千奇百怪，卻也擺脫不了那些我們再熟悉不過的思維或原因。直到有位先生上台來，他講了一個答案，我開始覺得有點意思。

「我會先救我老婆，原因是我和我老婆可以衣不蔽體地互相面對彼此，但是我和我母親，做不到這點……」

當然了，同樣一個觀點，認同的人與不認同的人會有各自解讀，也會各自捍衛自己的觀念，但是這句話或許解釋了一部分我認同的地方，另外一部分，我想我可以在這裡延伸補充。

在前面的章節裡面，我已經提過，不要再主張「孝順」，不要再提「孝順」這兩字，取而代之的應該是「愛」。

這有什麼好處呢？當每個人都把「身分」拿掉，就不會有多餘的「關係」，也就不會有因為「關係」而產生那理所當然的「責任」，最後也就不會有所謂的「情勒」。

舉例來說，當母女的關係被固化，媽媽要用「我是妳媽耶，妳本來就應該孝順我！」這樣的立場來跟妳溝通時，妳會感到無力。因為「孝順」兩字簡直像皇帝詔曰，無所反抗，只要違逆，沒有人會站在妳這邊！

不過，「孝順」兩字本無問題，問題在於被拿來濫用，所以我才會鼓勵用「愛」來取代！

一旦沒了制式化的關係，母親也不過就是生我及育我之人。然而，她並不一定要養育我，但是她做了，因為出自於她對我的愛，因此我感受到這種能量，自然而然地，我想要反饋，即使她不開口，我也會想要「愛」她，我不見得要服從她，因為她不見得永遠是對的，我也不見得一定要聽她的，但是因為愛的反饋，我一定會做出，對她好的事情，這是無庸置疑的。

最初，當我們還小的時候，母親會幫我們換衣服、洗澡，甚至共浴。兩個人衣不蔽體的關係，是純粹的愛，是一種沒有距離的相處。

等到了某一個年紀，某個人生階段，你發現自己有自己的心事，有自己的隱私時，你和母親開始有了距離，無論有形或無形，你們不再能坦誠以對、赤裸相見，你們心裡開始各自有了人生的盤算，但並不見得把對方放在自己生命當中。

這時候代表，愛的本質有了改變。

母親從一個無私付出愛的角色，轉變成一個也會開始考慮自己下半輩子的人物。又或者，你從一個原本生活中認為母親會是最重要角色的小孩，在邂逅了另一半之後，開始規劃和另一半的未來，於是母親這角色，漸漸地，不再如此親密。

我們當然會說，為人父母，對小孩的愛，永遠不會變。

但事實上，更多現實生活中的父母，在人生後半階段，開始規劃自己人生，因為他們不見得從小孩身上可以獲得他們需要的愛或是其他需求，他們也要有自己的工作夥伴，自己的成就感與樂趣！

在某種程度上，這也是我鼓勵父母親，甚至每個人，在任何時期，都應該真正的「做自己」，而非為了別人而活！

於是乎，在Clubhouse上，那位僅僅與我萍水相逢一次的朋友的答案，給了我一個很有趣的啟發。他肯定地表示，在那樣的情況下，他會先救太太！

原因不再是「誰會不會游泳」，不再是「母親只有一個，老婆可能有許多個」這種陳腔濫調，原因是他們可以衣不蔽體地袒裎相見，而他與母親已經無法做到這點。

也就是說，在那當下，男人認為自己在這世上最愛的人是老婆，不是母親，因此他去拯救自己最愛的人，理所當然。

話說回來，衣不蔽體並不是一個絕對的判斷依準。

真正的原因，在於愛的衡量。

如果同樣的問題，丟給一個懂得愛，而非純粹依循孝道的人來回答，而他也非常清楚地理解，在回答問題的當下，他依舊是愛母親多過於愛老婆的話，就算他和母親當時的關係已經無法衣不蔽體地共處，我相信，他還是會選擇先救母親的！

用愛做為人與人之間關係的度量衡，其實，就能遊刃有餘地回答這類無聊的問題！

*****

回到最初的話題。

婚後，我們的確搬到竹圍去，而我也確實發現，我的老媽花了幾十萬裝潢了我的房間。後來我才知道，原來這筆錢，都是我老哥挪用公款裡面的其中一筆款項。

最終，我因為住得太遠，來不及趕回基隆拯救我那因為憂鬱症自殺的老媽。

我的確反省過這個決定：「如果我當時就住在家裡，是不是事情就會有所改變呢？」但我相信就算重來一次，我依舊會做同樣選擇。

因為我的前妻，婚後在家裡不想穿內衣呀⋯⋯

第十話
別再用小孩當藉口不離婚了

不管是身邊的朋友又或者是來信的讀者當中，有一類問題，是把小孩牽扯到婚姻或者感情上。

像是「老公不斷外遇，但是我們已經有了一個小孩，所以我決定不離婚。因為我不願意給小孩一個不完整的家庭，在這樣的環境下成長的小孩，不會好……」

又或者是「我懷孕了，但是老公在外面偷吃，我決定把小孩生下來，好好照顧到他十八歲左右，再來考慮離婚的事情……」

「雖然老公喝醉酒後總是會打我、用髒話罵我，但我的孩子還小，我一定要忍耐，等到小孩長大，再看情況要不要離婚……」

當然還有更多，不勝枚舉。

老公家暴，老公嗜賭，老公吸毒，老公冷暴力，老公不給家用，老公在外面有了另外的家庭等……身為一個女人，往往十個有八個會告訴我「為了小孩，所以我不離婚……」

在談小孩是否會因此受到影響前，我想先批評女性做這樣決定背後的心態是否健康，又是否誠實?!

一來，依我所了解的狀況，通常是因為老婆害怕離婚後要一個人照顧小孩的生活，自己大概應付不來，因為生完小孩後，很可能陷入沒有積蓄，又為了照顧小孩而無法外出工作的狀況，於是，她選擇吞忍先生的惡形惡狀，勉強維持婚姻。

二來，我所知道的狀況，是因為女性在婚前，其實就多少預料到老公可能會做出這等渣男行徑，但是願意賭一把。賭什麼呢?通常這樣的先生條件都還不錯，經濟條件優渥，所以，女方產生了以下想法：

「就算我在婚前都知道他可能不見得是個好爸爸，但是搞不好因為有了小孩，他有可能改變。然而最後賭輸了，我也認了，但至少，我還是生活在經濟條件不錯的這個先生提供的生活環境當中。」

回過頭來講，是時候該大逆不道了！

離婚是件很正確的事，很普通的事，很應該做的決定！這一點都不丟臉，一點都不離經叛道，一點都不會喪及門風！

那些口口聲聲說著：「妳要忍，為了孩子好，妳千萬要忍耐」的三姑六婆，根本不知道孩子的心聲，更不理解這個時代已經演進到了什麼地步！

如果要說不離婚才是對孩子好，我們就來談談，什麼樣的事情會對孩子不好吧！

據統計，目前台灣的離婚率已經接近五成。根據我在小學任教的朋友所理解的狀況，在班級裡面，單親家庭根本佔了一半！

小孩們之間是否知情？

答案是：小朋友幾乎都知道誰誰誰的家裡只有爸爸，誰誰誰的家裡只有媽媽！

如果說，離婚會導致單親，單親會導致小孩成長不良，那麼我可以直接宣告，在未來的十年、二十年裡面，我們的社會將會是一團糟，因為將來成為社會中堅份子的那群人，幾乎都是出自單親家庭的孩子！

然而事實是什麼？如果你有關注社會新聞，你會發現，那些喪心病狂、為非作歹的壞傢伙們，依舊有絕大多數來自雙親家庭。

出自高學歷、高社經地位家庭的犯人，比例也不低。就算其中真的有人來自單親家庭，他們加起來的比例也不到一半！

在所有犯人中，單親家庭出身的犯人比例，也絕對不超過現在所有家庭中，單親家庭所佔的比例。

這代表什麼？這代表著單親家庭的小孩，並不見得就會長歪！所謂的「正常家庭」出身的小孩，更不見得就沒問題！

再說深入一點，小孩的敏感度，其實大過於一般成年人。即便是兩、三歲大的小孩，都會因為爸媽在家裡長期爭執，或是情緒冷戰，而感受到不安，進而產生問題行為以及學習落後。

所以妳認為，當妳先生已經爛成那樣（就算沒那麼爛），妳還要在家裡跟他扮演模範夫妻，然後自我感覺良好的認為孩子完全不會察覺到，也不會受到影響？

別傻了，很多小孩心裡面浮現的台詞是：「別演了，麻煩你們快點離婚吧，因為活在這種假面家庭裡，我們更難受呀！」

又或者是：「我真的好討厭爸爸喔，如果可以不跟他生活的話，該有多好！」

甚至還有：「我知道媽媽外面跟一個叔叔很親密，可以不要再回到家假裝和爸爸很恩愛了嗎？」

要知道，這些細微的感受，到最後都會轉變成「恨」！

雖然，我更喜歡談論「愛」這個能量。

因為愛因斯坦說過：「愛」是這宇宙最強大的能量[1]。

在「愛」的能量裡成長的小孩，絕對不會壞到哪裡去。因為他被愛包圍、被愛溫暖，他學會被愛，更學會愛人。

然而在假面夫妻的家庭裡，並不會有真正的愛的能量。那裡面充斥的是虛偽、是拉攏、是抹黑、是爭奪、是掩飾！

更不要說，絕大多數的夫妻，連假面都懶得戴。

在家裡呈現的就是夫妻倆劍拔弩張、語言暴力，互相推諉責任的「惡」的能量流動。

1　註：愛因斯坦說過：「愛」是這宇宙最強大的能量。其實可能是個網路上的誤傳，但在這本書裡，我願意承認，我說過這樣一句話。「愛」是全宇宙，最強大的能量！

所以說，想要給孩子一個好的環境成長，重點不在於「爸爸」或「媽媽」其中一方，而是這兩個角色都要功能良好的運作。

當然兩者都在的健康家庭，我們樂見，因為來自雙方的愛，絕對充沛。

但是如果無法保持這樣的角色存在，就算是隔代教養，就算是單親家庭，只要在家庭裡面，那個和小孩相處的人，加上教養者以外的支持系統，都可以持續給予孩子正面、全面的關愛時，小孩依舊可以長得又健康又美好。

這絕對勝過那種虛偽的假面夫妻，所營造出來不真誠的愛的家庭。

也絕對勝過爭吵不斷、離婚掛嘴邊，總把「要不是因為孩子我早就離婚」當口頭禪的家庭……

所以，別再用「為了小孩不離婚」來當藉口！

正視自己的不足，理解小孩真正的需求，這才是對的做法，即使目前看來這種說法依舊像是「大逆不道」，但我仍然堅持！

當然，要離婚要有所準備。所以綜合上述幾話，不要「嫁」進人家家裡，不要只想「攀附」有錢人，自己轉換角色、擁有經濟能力，那麼妳就隨時可以大逆不道！隨時可以簽字離婚！

第十一話
要結婚，先簽約吧

二〇一二年，我離開了我一手創建的品牌「Yume 乙葉夢銀飾」，以及當時的公司「玩媒體股份有限公司」，也包含「玩媒體出版社」。

時間回溯到二〇〇四年我和當時的女友成立上述公司後，我用她的名字買了一間位在松山區的房，然而我們卻在二〇一〇年協議分手，她同意搬出我們同居的地方，而我則是答應幫她支付後來一年間她的房租費用。

就這樣相安無事地過了兩年，在二〇一二年時，她交了新的男朋友。

接著她提出希望我離開公司，並且願意買回我在公司股份的要求，又答應會將房子過戶還於我。我知道，她希望和新男友一起經營原本的銀飾公司！畢竟，她很清楚，創作才是我人生最大的天職。

於是，我相信了這一切，我簽訂了股權轉讓書，然後我離開了公司。

*****

早在節目上碰到藝人 Kimiko 提出她與先生結婚是採用「合約制」之前，我和另外一名作家御姊愛，就曾經私底下討論過這個形式，覺得非常人性化。

沒結過婚的人，很容易把婚姻幻想成一種戀愛型態的延伸，然而真正走進婚姻的人才會理解，婚姻本質上是一種並肩作戰、組隊打怪的生活方式。

我在前面的章節提過，結婚應該是「一加一大於二」才對。然而這件事情本身，不應該只包含經濟，還包括生理、包括生活品質、包括心靈感受、包括相互影響的化學反應。

簡而言之，婚姻是在有愛情的基礎下，一起建立的某種戰隊，用來對抗人生的各種挑戰，用來撫育小孩，用來給予下一代更豐富的愛。

然而人生漫長，世事多變！

不管是經濟上、健康上、愛情上、感受上，甚至是心靈成長上，兩方的某一個部分一旦產生變化，這個當初用愛當作黏著劑的結合，就有可能開始產生裂隙、開始脫落，有時候裂得快，有時候歷時很長，兩個人才會被那掉落的碎瓦狠狠擊中。

舉例來說，一對新人一結婚，另外一半的公司就遭遇經濟危機，原本兩人賴以為生的經濟來源，就此斷炊。

你要說因此就離婚，是不是太不人道、太不講道義？然而實際上，當你真正遇到現實問題來襲，一個順風順水的年輕人，真有可能扛得起這種打擊嗎？而另一半又是否真能夠忍受對方因為打擊所帶來的情緒影響，繼續這段婚姻呢？這都是非常值得討論的事情。

夫妻本是同林鳥，大難來時各自飛。我不建議把婚姻關係想得太過理想。更多時候，夫妻之間的緊密度，遠比人們想像中來得單薄。你希望對方跟你一生一世，對方可能早就在盤算，財產剩餘價值分配的問題了。

每每在婚禮上聽到大家對新人祝賀：「要幸福唷！」我只能說，大家或許都不知道這句話的涵義為何！

因為，通常是在頻繁發生事故的路口處，才會出現警示牌「此地路滑彎道曲折，容易發生車禍路段，當心！」沒錯吧？

所以，當大家紛紛說出「要幸福唷」時，不就正是因為婚姻這條路上，一點都不容易幸福，有太多需要「當心」的，不是嗎？

依據我的觀察，加上以現在的離婚率來看，十對夫妻裡面，平均會有五對夫妻離婚；兩對夫妻瀕臨離婚，或是貌合神離；兩對夫妻形同陌路，可有可無；僅有一對夫妻屬於偶有口角，經濟無虞，婚姻幸福！

在幸福比例如此低的婚姻道路上，我們卻要求每一對夫妻白頭偕老、長長久久，未免太不切實際了。

*****

然而，渴望一段幸福婚姻的我們，究竟能做些什麼來自救呢？

我個人非常認同的是，婚姻合約制度。

至於幾年一簽，我覺得最多兩年，最少一年。

怎麼說呢？如果超過兩年，例如三年以上才簽一次，其實那就和沒簽約沒太大差別，因為時間拖太長，忍不到重新協議合約的時間點，可能雙方就已經因為忍受不了對方而直接提離婚了。

如果簽約時間少於一年，我認為，那根本不用結婚，長期同居生活就好，假如是三個月或半年一簽，試問，婚姻中有什麼部分，是得以在這麼短的時間裡就能達到改變或改善的？

簽約的好處就在於，如果你愛著對方，你會替對方想，你會希望對方續約，因此在合約時程內，你會做好自己該做的內容，當然其中協議的內容，必定是由兩人討論協商得出的。

還有個加分項，就是如果發現第一年的合約裡，有些部分沒有寫上，而對方卻一直踩到那個地雷，如果合約到期了，你還愛著對方，當然可以在續約前，於合約裡補上你希望對方改變的重點。

如果對方也依舊愛著你，我相信這個條款的增訂，就不會是大問題。而在合約裡面甚至可以寫上一些更實際、具體的目標，例如，如果在第幾年的合約裡，兩夫妻仍無法買到房子之類的，就在當年度協議離婚。

這樣不但可以讓對方清楚自己的人生目標規劃，也可以避免對方引爆自己的地雷，像是「一年後不跟公婆住」、「一年後達成存款五十萬」這些明確的數字，都可以幫助夫妻兩人在結婚後更有效率地完成人生想望！

畢竟結婚除了是戀愛關係的延伸之外，更是締結合作關係，在人生路上破關打怪的隊友連橫。不把醜話講在前頭，其實一點都不符合這追求效率的時代呀！

*****

回到先前我的人生故事吧！

最終，我雖然在股權轉讓書上簽名，但因為我們並沒有合約明文規定，她應付多少錢，以及何時支付給我費用的證據，結果就是我平白無故地、不收分文地，讓出了我經營多年的股份。

而關於那房子，從頭到尾，女方一毛錢都沒有支付，但因為我當初買在她名下，希望給她個保障，而我自以為分手後，幫她支付一年的房租，已經算是某種感情上的償還時，她卻反悔，不願意將房子過戶還給我。

結果就是我帶著我的狗兒子（哈魯），搬離了我以為的起家厝。

至於我為什麼願意搬走，也不願意找律師提告？

一來是因為房子的確還有貸款要償還，我先是被她從公司逼走後，每個月再也沒有優渥的總經理收入待遇，自然付不出高房貸，因此我也只能被迫接受。

二來，如果說兩人交往的時間是她的青春，但最後因為協議分手，讓她想結婚的希望落空，一棟房子可以補償她的青春，我願意藉此償還。

但說穿了，這一切，和婚姻一樣。

如果一開始任何事情都有合約，那麼事情，都會更清楚單純。這或許也是我看盡人生百態後，建議大家把結婚想得更像公司合夥人的原因之一吧！

第十二話

什麼時代了還在分男女性別

這個章節的最後一話，我們聊聊性別吧！

何謂，男性與女性？

同婚法在台灣已經通過，我的身邊也已經有好幾對男同志夫妻、女同志夫妻，這代表什麼呢？這代表男尊女卑那一套，重男輕女這四個字，都可以丟棄，因為男女界線，早已在文化上、法律上，逐漸模糊了界線。

前面我提到，界線的模糊代表一種成熟，代表一種進化。就像科學與神學、科學與哲學之間的探討，當你追本溯源，你會發現，幾乎殊途同歸，幾乎形同一體。

男人可以戴耳環嗎？女人可以主動求歡嗎？男人可以化妝嗎？女人可以玩電動按摩棒自慰嗎？這些曾經在大眾眼皮底下一件又一件被禁止的事，隨著同志的努力，讓界線模糊了。

這些改變，不只造福了身處光譜兩極的同性戀者，也造福了接近或者朝光譜兩端靠近的非同志，讓我們更能免於被社會歧視，更能做自己想做的事！

像我，從小就喜歡留長頭髮，也在高中畢業那年去割了雙眼皮，更在幾年前藉由正顎手術，將原本走樣的下巴回復到比較正常的狀態。

然而，在去年，我罹患了攝護腺癌。

這個癌症和乳癌類似，它的癌細胞需要攝取的營養，來自於賀爾蒙。

即使我動了手術，割除了攝護腺本體（本體是製造精液液體部分的器官），但畢竟我的體內，還是有別的腺體會產生男性荷爾蒙。

因此，我必須進行賀爾蒙治療法，來阻止我體內的男性賀爾蒙生成（有鑒於我不是醫學本科，也只能言盡於此），而這樣的治療方法，就是會導致男性性器官不舉，甚至會讓我的胸部出現「男性女乳症[1]」現象！

服食這些藥物的副作用，還會有女性更年期的症狀。諸如熱潮紅、容易感到疲勞、情緒不穩定等……

或許你不知道的是，這一生我都在使用男性性器官，進行讓女性以及自己快樂的事情，但是，我卻非常渴望追求，可以擁有像女性一般可以仔細打扮的外表。

我指的並不是女裝癖。

而是一種可以追求美，一種突破性別，像是可以化妝、可以穿裙子，只要

1　註：男性女乳症指男性的乳房腺體組織增大，為男性最常見的乳房問題，主要因為雌激素和雄性素（睪固酮）荷爾蒙的失衡，使得雌激素佔的比例增加而刺激男性乳腺的增大（大於〇．五公分），且會引起乳房腫脹疼痛。男性女乳症可發生在一側或是雙側的乳房。依病因的不同，可分為「生理性、病理性及藥物引起」二大類男性女乳症。（資料來源：嘉義長庚醫院）

是能夠讓我覺得更有自信、更加美麗的形象，我都希望可以往那方向去做。

但是我心裡知道，我是個男人，當然，或許只是因為我有男性性器官。又或許，是我的靈魂還是比較偏向男性光譜這側！

但是在五十歲的現在，我罹癌並服藥治療的這段期間，我更覺得自己接近一個女性，而我也更能體會，身為女性可能會有的心情或狀態。

我發現自己因為服藥的副作用，產生了些微的男性女乳症時，我感到十分驚慌。

一如前述所言，我想像女性一樣，外在可以做出各種打扮，但這並不代表，我的身體渴望變成女性。即使我自認為，我的敏感情緒，我的多愁善感都不亞於女性，都是這都不代表，我希望我的身體是女體。

無奈的是，在治療癌症期間，我竟然必須面對，不但我的男性器官無法有作用（短期，容我強調），而且我的胸部竟然也會變得女體化。

我上網查遍了男性女乳症的治療方法，甚至找到醫美診所，準備動手術。

雖然最後得到的結論是，我應該先觀察一段時間，配合我之後的治療方向。如果之後停藥了，賀爾蒙恢復了，其實這個症狀也會消失。

我在得知這樣的資訊之後，忽然對性別，產生了一種非常奇妙的感受。或許這是有過我這種經驗的人，才能描述出來的文字。

這個皮囊，不管是男是女，其實身體的性特徵，都被賀爾蒙牽著走。

但另外一個層面則是，我的靈魂和我的身體性別，絕對是兩回事！有了這樣的體悟，我更能理解，為何有些女同志想要束胸，甚至去做縮胸手術。

因為他們的靈魂不認為自己是女性，相對地，他們也不希望旁人因為自身的皮囊，而認定他們是女性！

表明我的立場之後，我依舊只是想要點出這本書的精神。

既然如此，那麼現在，就是時候該大逆不道了！

如果你是男性，卻有著女性的心靈，那麼，你當然可以選擇勇敢的去改變自己的性別，讓靈魂和身體都處在光譜的同一處。

同樣地，如果妳是女性，卻有著男人的心靈，妳大可勇敢說出口，讓現代醫學幫助妳，成為一個真正的男性！

我是個小說創作者，也是個無神論者，但我相信靈魂一說，只不過靈魂如果是一團能量，是一組記憶體，我好奇，在這整套靈魂系統中，是否靈魂也有性別記憶？

也就是，當靈魂重新進入一個新的人體內，上輩子的靈魂性別，會不會跟著一起進入到現世的身體當中，進而形成靈魂與肉體性別不符的組合？

因為沒有人可以確切地解釋靈魂，但是對我而言，同性戀者，在我心中就是如此定義。

既然如此，就大膽表現你的靈魂性別吧！

我希望每個人都可以勇於穿出自己的風格，做自己喜歡的風格打扮。包括女生喜歡穿男裝，男生喜歡中性打扮等，這些各種各樣不同的你我，勇敢的展現出來吧！那雖是大逆不道，卻也是真真正正的忠於自我！

*****

這本書原本就意在挑戰現有的世俗眼光以及道德界線，我不認為我現在講的事情會受到歡迎，尤其是我的受眾。

但我真心希望，如果你們在性別認同上出現懷疑與不安時，可以想起，有一位作家，會隨時在他的粉專上力挺你們做自己，只要不傷害到別人（如果你遇上因為你想做自己而打算自殺的父母，那不算，因為那叫做父母對孩子情勒）。

如果真的想要「做自己」，就從最本質的「靈魂」做起，千萬不要跟風那些無謂的口號！

忠於自己的靈魂性別，大膽地實踐真正從「靈魂到肉體」的「做自己」，終結這個世俗對於男尊女卑、男女有別的界線，進入下一個更高維度的時代吧！

Chapter Two

×

家　庭

第十三話

結婚就是兩個人的事，不是兩家子的事

在很多論壇或是節目當中，婆媳或是毒姑毒嫂問題，一直都是熱門話題。但是，問題根本不在於這些身分容易產生摩擦，而是在於根本的觀念不解決，那麼這支民族的每個家庭裡，就會像鬼打牆一樣卡關，永遠過不去。

無奈的是，我們依舊必須討論這些問題，因為這些問題甚至已衍生為社會新聞，攸關人命！

而每當我們上電視節目和一些相對年齡較高的來賓同台時，他們總喜歡講這樣的事，用這樣的話來定調：

「畢竟婚姻就是兩家子的事，不可能誰說了算呀！」

每每講到這個環節，我就懶得辯論，基本上我是等於棄械投降，因為要講到整個觀念改變，那可能得要花掉一整集的時間，甚至就算我重複講了幾遍，對方很可能仍然聽不懂我在講什麼！

最重要的是，在節目上的倫理與禮貌，在在地提醒我，不可以在如此的公開場合裡忤逆長輩，但明明我心知肚明，在這個新媒體時代，就是要標籤化自己，才會有跟隨標籤而來的群眾。

而掌握群眾，就會是流量密碼！

不過，我罹癌了，也不知道還能活多久時間，寫在書本裡，我相信就算我上節目送新書給每一位來賓，大家應該也只會禮貌性地帶著微笑收下，然後放在自己家裡面的某個角落，不可能完全閱讀完。

所以呢，在這裡我就可以忘情地大說特說，把音量調到最大！大聲說出這句話！

「結婚就是兩個人的事，不要再跟我提是兩家子的事！」

為什麼這本書讀到現在，我敢這麼大聲說這事情，前提必須是你真的讀過了前面的每一話，看到這裡，你才能接受，循序漸進地理解，我到底在說三小朋友。

首先，這個觀念是綜合前面的章節，不要用「嫁」、「娶」這兩個字，來當作結婚的動詞；再來，麻煩用「愛」來取代「孝順」兩字；最後則是，選對象時，不要再把眼睛挪到頭上去，別再把經濟條件擺第一。

你如果能認同以上幾點，那麼，你一定也能夠跟著我大聲喊出同樣的話：「結婚就是兩個人的事，不要再跟我提是兩家子的事！」並且，那無謂的婆媳問題，也得以解決……

為什麼老一輩的人，甚至是現代人，還會把「結婚」當作是兩家人的事呢？最重要還是因為他們認定「媳婦」，就是嫁進男方家的女人。

既然是如此，那麼你們的結婚，就等於沒有創造出第三個家庭。

就是從原本雙方的兩個原生家庭，女生從自己的原生家庭，被編制進入男方的原生家庭，這樣一來，女生得要去適應男方家庭的生活習慣、經濟觀、價值觀，這就是問題所在。因為現代女性，已經不像過去那樣逆來順受，所以她一定會想要找出自己的幫手，而最好的幫手，就是自己的原生家庭。

於是兩邊的原生家庭，就得協調溝通。

而如果女方的原生家庭，也擁有很重的傳統觀念，像是什麼「嫁出去的女兒，潑出去的水」這類的話，因此完全不給予媳婦協助，就會造成媳婦的苦無處講，甚至就連想離婚，想找個退路都沒有歸宿！

而如果女方的原生家庭比較不傳統，那麼一旦她的家人出面干涉時，就會讓男方家人感到困惑甚至憤怒！

「女兒都嫁到我家來了，就不關你們娘家的事了！」事實是如此，但重點在於，如果不關女方家的事，那兩夫妻之間的事，又到底關公婆家的人什麼事呢？

倘若事情的進化，如我說的大逆不道，那麼結婚就會是一邊派出一個人，然後這一男一女（或是同志），自己組成家庭，從此之後，與兩方的原生家庭維持平行的地位，三個家庭各有自己的房子，自己的空間（租屋也無妨），且自己有自己的家庭價值、行事準則，這樣的話，就跟婆媳、姑嫂、閒雜人等，一點關係都沒有！

我說了，「孝順」這詞會走味，來自於「關係」的產生。

然而真正組成婚姻的兩人，其實真的不需要和另外一方家庭的人開始稱謂上的來往，因為那由於稱謂所產生的關係，只會連帶出現責任以及情勒。

而通常這道理，在現代社會懂的人並不會少，只不過出於某些原因，他們還是願意「嫁」進對方家裡。

為了什麼？還是利益。

所以我說過了，真正要組成一個家庭，靠的是原本要結婚的兩個人，如果兩個人都可以獨立，不依賴任何一邊的原生家庭，那麼「結婚是兩個家族的事」這句話就不會成立。

或許有人會說：「可是就算結婚，不住在一起，也還是會相見呀！除夕過年過節等……」也是因為這樣，我在本書開宗明義就說了，聚會是姻親認識之後，人與人之間有產生「真正的」化學反應，愛屋及烏也好，才有必要一起吃飯、一起生活、一起出遊、一起聚會。

如果我和對象結婚，結果這家人裡面，沒有一個人和我合得來，我又何苦要去假裝和諧，又或者當乖小孩聽話呢？

畢竟這時代的人，都很有可能跟自己原生家庭的家人完全不對盤，你又怎能期待，自己可以和另外一個陌生家庭裡的成員和平相處呢？

在這個主張自我的時代裡，結婚最好的做法，就是兩個人單獨搬出來居住，不依靠任何一方，不多與任何一方的家族來往，除非是在接觸過後，你發現對方的家人，和你之間的相處像朋友一樣熱絡和諧、講話合拍，聚會時快樂遠遠超過委屈，否則，就過好小倆口的生活，以免節外生枝。

這才是最正確的結婚觀念，不只講給尚未結婚的你聽，也是寫給為人父母的你們閱讀。

不干涉的愛，才是對小孩最好的幫助。至於那些親家公、親家母，若有緣分，你們會成為朋友，若沒緣分，只要名義上知道對方是誰，其實就已經足夠。

我也曾經寫過，「結婚，是女性的第二次投胎機會！」

因為原生家庭不是妳可以選擇的，但是要和什麼樣的人結婚，成為自己人生中的另一半，卻是妳自己可以決定的。

因此端看妳是把利益擺在前面，還是把「生活和諧，興趣相投」擺在前面，依循不同的準則選擇家人，各有利弊！當然啦，如果擺明是為了對方的家業要嫁過去的人，就不在我的規勸名單裡。在我看來，這種選擇，或許才是暗黑版的「大逆不道」！

第十四話

「身體髮膚，受之父母」？請停止講這種屁話

印象很深刻，在我人生第一次出現想要「處置」身體的衝動時，就被我的母親給「微」制止。即使我的母親十分開明前衛，她也會在我國中想要穿耳洞的時候，告訴我，這種行為可能有破相之虞。

破相，就是會影響一生的運勢。

諷刺的是，高中畢業那年，母親因為擔心我的重度近視，幫我配了隱形眼鏡。而我因為摘掉厚重眼鏡後，不習慣自己過於細小的眼睛，一天到晚即使已經戴著隱形眼鏡，卻還是在鼻樑上架著無鏡片鏡框。

後來，母親竟然擅作主張，在三十年前，硬是將我帶去西門町的一家密醫，做了「雙眼皮」手術。

於是乎，我第一次改變身體容貌的旅程，就在這時開啟。

在我成年，母親過世後，我已穿了雙耳的耳洞，戴起耳環。也在顧及身體健康的情況下，做了正顎手術，將兩邊的下巴骨頭切割開來，再用鋼釘做固定，雖然名義上是為了健康，但實際上，這就是一種整形手術。

這個手術，讓我在成年後不知道什麼習慣所造成的下巴內縮狀態，恢復到我大約大學時期的臉型！

除了健康也多了美觀，更重要的，它無形中讓我更喜歡照相，更容易融入現代科技需要頻繁自拍的生活。

更甚者，我開始在身體刺青。

在左手臂刺上和前女友手上一樣的英文字母，並且為了紀念母親，於是在頸子上刺上她名字的其中一個漢字。

紅色的字，她喜歡的顏色。

最後，為了提醒我自己，不要重蹈覆轍，做出像母親一樣上吊輕生的行為。母親輕生一事，間接影響我在二〇一六年憂鬱症發作時，也曾經試圖做出同樣舉動，企圖結束生命。

於是我突發奇想，設計了一款繁瑣刺青，是這樣的圖樣：從胸口靠近心臟的位置開始，有如從土壤冒出的枝椏，那枝椏一路纏繞我的脖子，攀爬到我的人腦，最後開花！

這一大片刺青，在旁人眼中看來或許覺得詭異（光是觀察談話性節目影片下的留言，就能得知我為此被罵過無數次），但是我知道自己在做什麼。除了警惕自己之外，我也藉由刺青宣告世人，我是個文字與影像藝術創作者。

它的含義是我的創作從心開始發想，接著那些念頭，纏繞我的脖子，攀延到我的大腦，最終，就在我的腦海中開花、結果！

除此之外，因為我天生脖子較長，於是頸子上類似項鍊的那一圈藤蔓刺青，更有整體視覺美化的作用！

所有的舉動，都有其背後的意義。

但是我真正想表達的，應該就是「**我的身體，我自己主宰**」這件事情。

然而明明在醫美如此發達的現代，還是有人以父母口吻，自居長輩立場，利用面相或風俗角度，去規勸晚輩，不要輕易動自己的身體，因為「身體髮膚，受之父母」，如果想要做這些動作之前，要先徵詢爸媽的意見，甚至是得到同意。

我不想忤逆長輩，但我想反問一句，身為爸媽的長輩們，當你們在對自己的身體做出一些動作之餘，你們真的都有去詢問過您的爸媽嗎？

例如上了年紀的長輩，眼睛陷入老花與近視的掙扎，進而需要雷射治療。又或者是白內障的水晶體置換手術，您都有去問過您的爸媽，身體髮膚，因為受之於他們，所以需要得到許可嗎？

又像是心臟需要裝支架，骨頭裡面需要上鋼釘的這種治療，也都得要問過長輩，或者到祖先靈前擲筊得到同意，才可以執行嗎？

我知道，現在這樣的事情，其實已經稱不上大逆不道了，因為大部分的家長，都可以接受自己的小孩更自由地打扮，甚至是在身體上做改造！

但事實上，家長們不能想像的是，如果現在連刺青、打耳洞這種事情都還不能接受的話，在未來的十年裡面，很可能會出現更不可思議的事情！

去年在 Netflix 上播映的動畫《Cyberpunk 電馭叛客》，其實已經講述了未來極有可能發生的事情。

不管是在大腦裡植入晶片讓人類可以上網，就連身體裡的器官，都有可能用３Ｄ列印的方式置換任何一個器官，甚至還可以連結上金屬性的四肢，強化了自身不管是在大腦運作上，或者是運動能力上的功能。

當然，你可以說，這只是動畫，不會實現的。

但實際上，從網路問世以後，從智慧型手機出現以後，從ＡＩ智能逐漸成熟以後，人類與機器或是網路的結合，逐漸密不可分，在我看來，未來十年內的科技發展，會比過去十年來得更快！

回想一下，過去十年，從臉書出現到現在連老人家都在使用 Line 的盛況，這種科技躍進的速度，在未來十年，只會更快速、更超乎想像。

因此，本話雖然是想藉由討論「身體髮膚，受之父母」這種迂腐的觀念，來讓老一輩的朋友理解，讓年輕人對自己的身體有更多主導權之外，還想要讓長輩們體會到，未來世界變遷之快速，會從改變身體這件事情開始。

而逐漸跟不上這些變化風潮的人們，可以提供的是風險的掌控，而不是權力的掌控。

我們應該提供給下一代的，是什麼樣的手術或是移植、整形，會有什麼樣的後果，包括心理建設。更重要的是，和他們一起參與美感的討論，讓下一代把長輩們當作站在自己這一邊的智者。

否則，科技的逐步出現，可能會造成世代之間極大的隔閡。

因為在老人家們已經無法接收新知識與新變革的時間裡，年輕人們迎來的，卻可能是極大幅度，在身體上、大腦中，爆炸性的革命。

如果可以，我很希望是「身體髮膚，受之父母。科技新知，來自子女，相互交流，才能共存，才會進化」。

如此一來，未來的世代裡面，才會有融洽的世代溝通，而不會產生隔閡！

第十五話

「聽媽媽的話」根本不是正確的

我相信再怎麼支持我寫這本書的人，看到這樣的標題，也會打上一個很大的問號！這麼好的一句話，怎麼會被我給扭曲了呢？

事實上，流行音樂天王周杰倫寫的歌〈聽媽媽的話〉，正印證了他自己本身的成長過程，就是因為聽媽媽的話，才得以擁有如此卓越的成就！

然而，每個人的人生，都有屬於自己的軌跡，在我觀察所謂「成功」或「幸福」的人，「聽媽媽的話」這句話，並不適用在每個人身上。

更精準一點說，如果這句話適用於大部分的人身上，那麼，我沒有理由用這樣的標題來博取眼球，可是如果以概率來看，那麼我得說，「聽媽媽的話」

這樣的一句話，一點意義都沒有！

當然我說過了，這本書是我在經歷了人生大半苦難之後，因為各種體驗而寫出的內容，想法必然主觀，您可以參考，更可以棄之如敝屣！

讓我簡單的說明我的想法與經歷。

因為我的母親自小就沒受過太多教育（小學沒畢業），因此她給了我一個價值觀，就是賺錢為第一。

讀書不重要，發展自己興趣不重要，但賺錢，永遠要排在第一位。

硬要說，這句話並沒有毛病，只要是出社會、開始獨立生活的人，都會理解賺錢非常重要，因為我們畢竟是要生活的。

然而什麼樣的事情，對自己的人生才是最重要的呢？

我相信很多人活到一把年紀，都沒思考過這個問題。為了求溫飽，爸媽會要你學習賺錢的技能，這是上一代的人習慣提供的教養觀。

然而所謂賺錢的技能，有時候會耗掉你的一生，導致你的生活裡，都只是在做那件能賺錢的事情，然而最終你會察覺，那件花掉你最多時間的工作，並不是我你輩子最想做的事情！

如果說，這項賺錢的技能，可以讓我在三、四十歲左右就財富自由，那倒還好。這個所謂「聽媽媽的話」，或許在這時候可以終止，因為接下來，你還可以展開屬於自己想要的生活，自在個幾十年！

但是，就一般社會大眾而言，通常同類型的工作，會做到老、做到退休，然後，你就迎來退休後的生活。

這時候，你不但已經失去年輕時的體能，對於某些你原本充滿熱忱的人、事、物，你不再擁有那股悸動和衝勁，因為你的身心，都已歷經歲月磨損，也因而消耗殆盡！

對我而言，人生，是屬於自己的。因此，最棒的人生，就是儘可能讓自己掌握最高比例時間去做自己想做的事。

也就是說，首先要知道的第一點，「聽媽媽的話」絕大多數是以「賺錢」

為目的，而天底下，並非每個人都如此看重錢財，都如此渴望奢華。

再者，就算是要選擇一項以「賺錢」為主的工作，「聽媽媽的話」不見得會讓你選到你最想要做的事情，它有可能是最賺錢的事情，但也很有可能讓你耗去一輩子，都無法體會「做自己想做的事」能產生多大的樂趣，獲得多棒的結果。

這些想法，當然是在我活了五十年之後，才領會出來的道理。你可以跟我辯（上臉書粉專來），但這就是我的經驗。

而接下來，我們要探討另外一件事情。那就是，假設「聽媽媽的話」很好，那麼下一個問題就是，媽媽到底懂多少？

就像我之前提到，我的母親因為一輩子都在做勞動工作，學歷不高（我不是想強調學歷高就可以如何），因此對她而言，「生存」就是人生最終極的目標！至於「生活」，或者何種品質的生活、何種類型的生活，這些都不在她的考慮範圍之內。

綜合上述，我想強調：不是要忤逆母親的意見，而是，要著重自己的想法。更精準一點說，人生的重點，首重於了解自己，因為只有你才會最了解自己的能力適合做什麼，了解自己的目標在哪裡。隨著年紀增長，你更會理解，自己的人生，終其一生，究竟應該追求什麼，才會不枉此生。

自始至終，我絕對沒有一絲想要貶低「母親」這個角色的意思。

只是想要「大逆不道」地說，**人生，不要一味聽取別人的意見，而是要從了解自己開始學習起。**

利用了「聽媽媽的話」這個議題來做為對抗，我想，會是最有力的反辯。

因為在這世上你最有可能聽從的意見，就是來自媽媽，但我建議，你首先要聽從自己的心，而第一步，就是要學習瞭解你自己！

人生到了一定層次時，你會發現，外在的慾望追求，比不上內在的自我探索。

當然這裡還有一點必須提及的。

那就是時代變化與演進之迅速，已經不是「媽媽的話」可以跟得上的。

在現今二〇二三年我寫本書的此時，ChatGPT 已經席捲全球，有許多行業已經被預言，將在短時間內被ＡＩ給取代。

試問，大部分還在利用 Line 分享長輩圖的爸媽們，如何能理解小孩在未來社會裡該面對的挑戰，在這樣的時代裡面，如果光只顧「聽媽媽的話」，我想，這個小朋友的未來將會堪憂！

反過來，我更鼓勵的行為，是爸媽在這時代裡面，應該「聽子女的話」。

讓子女透過新時代的學習，來教導爸媽如何在這樣的環境裡生存，甚至爸媽的工作，都可以和子女討論，利用最先進的資訊，優化自己的工作內容！

打破固有的上下觀念吧！

我前面不斷強調「關係會營造出態度」，請推倒這些藩籬吧！不只能改善親子之間的親密度，兩方各自對於環境、新世界的適應，也可以更有效的交流經驗與學習！

＊＊＊＊＊

最後，是我自己的追憶。

我的母親在二〇〇二年上吊自殺，在那之前，我不太聽她的話。

然而，我愛她，除非是關係到我自己未來或者我真正想做的事，否則只要是小事，我都會假裝，聽媽媽的話。

就連飼養毛孩[1]這件事，我的母親也強烈禁止，而我順從了。

但我得跟老媽妳說一聲，如果可能，我多希望讓妳抱抱哈魯，雖然你們倆現在都在天堂了，但如果你們有機會見面，我相信老媽妳會愛死哈魯的……

1．註：母親在二〇〇二年離世，我在二〇〇六年飼養了一隻名為「哈魯」的古代牧羊犬，在陪伴我十四年之後，於二〇二〇年在我懷中安樂死離世。

第十六話

血緣沒那麼重要

二〇一六年九月，我進了台大精神病院，因為憂鬱症又是獨居身分的關係，因此在那裡短暫住了近一個月。

在這一個月的時間裡面，我認識很多病友，包括病友的家人。出院之後，我們依舊在一個名為「神經病們」的Line群組中，保持聯繫、互相關懷。

其中不乏憂鬱症者、重度失眠者、思覺失調者，而在那裡我也認識了我乾女兒。那一年，她就讀高中，因為家暴事件而罹患重度憂鬱，自殺多次未果。

出院之後，她好幾次找我傾訴，只希望可以脫離這個生命，卻總是被我勸退。

我要她離開家裡，因為在那個家中她得不到溫暖，並不代表她在別的地方，或是在別的人身上也得不到溫暖。

我甚至說出：「我照顧她二十年，等我老了，再讓她照顧我二十年的提議！」（當然，事實上我心裡想的是我照顧她，讓她度過青春期的重度憂鬱後，我的餘生，我自己了結即可……）

*****

我一直都是一個人生活，大約從三十歲開始。

因為家庭變故，導致我不願和親人聯絡，也因為我對自己的期許尚未達成，因此我喜歡一個人生活。當然，同時間，還有另外一個觀念驅使我做這樣的事情。

那就是，我認為血緣一點都不重要。

父母親生養了我，雖然我同時也感受得到母親有多麼疼愛我，但我們的關係，一直都處於一種「因為住在一起而看似親近，實際上彼此根本碰觸不到內心」的關係。

這樣的相處，即使我知道她愛我，我還是無法說明或感受，我和家人之間有多深的聯繫，畢竟生活習性、思想邏輯根本搭不上線，而溝通不良會大幅度減少愛的感受。

然而，在他們離去之後，我終於可以養狗，於是我養了一條毛茸茸、體重高達四十五公斤的大狗。

就在我養了一隻跟我絲毫沒有血緣關係，甚至是不同物種的「哈魯」（古代牧羊犬）之後，我都覺得我跟牠的感情，勝過我與所有人，包括親人。

這讓我理解到一些事。

那就是，血緣或許能夠讓你遺傳到某個人身上的某些特質，但那其實就只是一種生理機制，而這種生物構造，根本無需硬是和情感掛鉤。

因為情感是培養出來的，是靈魂間的屬性距離是否相近，而非血緣是否相承。血緣，只是拉近了肉身的距離。隨著相處的時間拉長，這一點創造了機會，讓有血緣的人可以更愛彼此，但這並不代表，這兩抹靈魂，一定是契合的。否則，就不會有那麼多近親殺人或者「不孝」事件。像是兄弟奪產或家族內鬥，甚至硬被貼上「違反忠孝仁愛」的標籤！

畢竟什麼「忠孝仁愛」，都是人類創造出來的道德約束，有些合理、有些根本莫名其妙！

但（小心，文章轉折來了唷），人生是很奇妙的。

自從母親過世、父親西歸之後，我就因為怕觸景傷情，避免掉和兩邊親戚的來往，只因為，見到與爸媽有血緣關係的叔伯姑姨們，我會忍不住想起老媽生前的身影，進而落淚。

就這樣，事情一晃眼也過了二十年。我想，血緣這二字於我，幾乎失去關連。

就在疫情爆發前（二〇一九年），忽然有一名年輕小伙子帶著他的老婆來認我，他說了他母親和我的關係，應該是表姊弟，因為小伙子在台南的外婆，正是我母親的表姐（連我媽名字都寫了出來）。

當他拿出他母親（也就是我表姐）親手畫出關於我家這邊的族譜，以及他們那邊的族譜時，我才真正意識到，原來真的有這層關係。

而這小伙子和他的太太，都是搞藝術的。做劇場出身的北藝大校友。

我說了，血緣於我，真的不在乎。但是如果在這樣的血緣關係上，讓我察覺這對小伙子（表外甥）夫妻的靈魂頻率，與我有對頻，我就會說，這血緣，好像有那麼點意思了。

某天晚上，被這小倆口請吃了一頓晚餐（而他們明明是一對生活苦哈哈的年輕藝術家夫妻，卻還硬要請客，對於這種大氣，我苦笑，但欣賞），還帶了他們在疫情爆發前生下的小朋友（叫我「表舅公」，這稱謂真的是⋯⋯）來見我。

這些舉動，都讓我感到很溫暖，甚至因為媒體發達，只要是認識我的人，包括我尚未見面的表姐，以及表姨，幾乎都可以得知我的身體狀況，也都在我喜愛的台南，關心著我的動態。

接著，表外甥拿出了件小禮物說要送給我，那是他去關渡廟求的平安符，自然是希望我平安健康。

這讓我在心中驚呼了一聲。

因為關渡廟是我母親生前，每年的大年初一，都會去拜拜的廟宇（老媽拜拜的目的，求的永遠是關於我的事）。我從不曾陪她前往，而我知道，這次，又是她，要表外甥捎了這祝福來給我。

畢竟，我很清楚，這全宇宙抑或無數平行時空當中，我媽最疼我，一如我最愛哈魯！

*****

乾女兒後來也去了台南讀書（很巧吧），但是因為距離相隔得遠，我們也就少了聯絡。不過只要是她回來台北的時候，我們都會找時間吃個飯，聊聊近況。

我很慶幸，她的狀況，看起來比當初認識的時候好了不少。

我認為我的責任已了，也不求她有所回報，然而我說了，血緣這種事情，和感情一點關係都沒有。

去年九月，我進和信醫院開刀。原本我就打算自己一個人住院，自己一個人出院，想說癌症開刀，也不是什麼大不了的事情，頂多就是那幾天行動比較不方便罷了。

這個平時不常聯絡的乾女兒二話不說，即使台南有事情，自己身上錢不多，她也堅持搭半夜的客運上來陪我住院。

短短五天內，她在兩個半夜搭夜車來回，一到病房就睡著，看得我又好氣又好笑。有人陪病是一到病房就睡覺的嗎？但那份愛我感受到了，這和血緣無關。

第十七話
別再提「長幼有序」

我的哥哥，從小就是個不愛讀書的孩子。

他倒也不會做什麼真正的壞事，但是那些抽菸、賭博、喝酒、亂花錢的不良習慣，他沒有一樣少過。

我回憶起母親曾經告訴過我，老哥雖然不乖，但是很「孝順」（又是這兩個字）。原因是老哥出社會賺錢後，會買禮物送給媽媽，會帶老爸、老媽出去吃一些新開幕的餐廳，而這樣的行為，在他們眼中，就是孝順。

雖然不良，但孝順。

然而，我從很小的時候，就發現老哥有些個性，我不是很喜歡。例如他會在想要利用我幫他做些功課或者出社會後的工作時，開始對我好、親近我、說好話。然而在平時，他是完全不把自己的錢，或者別人的錢當一回事，甚至帶有一些小聰明地在搞投資。

雖然，在我婚前，和他每晚打電動的時候，我們感情算好，笑聲不斷……

*****

我曾閱讀過一本書籍，作者是日本的學者，其中有篇文章深入探討為何「父母親不敢麻煩長子，卻讓『最不受寵的孩子』照顧晚年」這個現象。

裡面探討了父母親會不會對孩子偏心，偏心的原因是否又跟不同小孩的長幼有關，又或者和性別有關，又或者和成就有關。

但是在台灣，我們最常聽聞的是，通常爸媽花費最多心思與財力栽培的小孩，最後並沒有陪伴在自己身邊，更不用提照顧了。

反而，是那個從小最不被疼愛，或者最被看不起的小孩，接下了照顧爸媽的重責大任。

先不講那書籍中日本爸媽的心態，我們來聊聊台灣爸媽的心態，通常遇到這種情況，很是矛盾。

一來矛盾的是，他們最疼愛的小孩，拿了好處、獲取高學歷、領取高薪之後，遠走他鄉，定居異地，從此之後，那個曾經最疼愛他的爸媽，似乎就此成了陌生人。

二來矛盾的是，那個明明從小被爸媽最嫌棄、最不疼愛，在他身上投入最少資源的孩子，最終卻守在自己身邊。

矛盾什麼呢？

第一，爸媽真的比較不喜歡這小孩，也不想跟他生活。即使最終是他在照顧自己，爸媽的心裡、嘴上，都還是堆滿了厭惡與憎恨之情！

第二，爸媽知道自己沒那麼喜歡這個小孩，但沒想到這小孩還是辛苦地照顧自己，爸媽內心感到愧疚，然而所有資源都已經給了另外一個小孩，要也要不回來。面對這樣孝順自己的孩子，爸媽感到慚愧……

為什麼這樣的內容，要出現在我這本書裡面呢？

這裡面存在著什麼「大逆不道」呢？

其實是想藉著「長幼有序」這句話，來推翻家人「關係」的定義。

一如我前面所言，華人太過於重視「關係」，一旦被「關係」框架住，很多事情就出現「應該」兩字！

例如「長幼有序」，代表著好事情，或者好處，需要依據年紀大小的順位輪流，大的獲得之後，才輪得到小的。

又像是「孔融讓梨」這種無腦的成語，影響著華人多年來的行為。禮讓是一種美德，但所有事情，都得看那件事發生當下的情況、角色、人物，來靈活變化。

不管是「長幼有序」或者是「孔融讓梨」，發生在家庭裡的時候，如果那個長兄（姐），就是一個毫無生產力、不懂向上，更沒有同理心之人，那麼，又為什麼要把資源先交給這樣一個人，只因為他是兄弟姊妹當中裡面年紀最大的？

當然，同樣的情況，也會發生在爸媽的偏心上。

每個爸媽在擁有一個以上的小孩時，基本上或多或少都會偏心。有可能因為這孩子是老么，有可能這孩子和自己小時候特別像，有可能這孩子身上剛好有自己年輕時候最渴望但卻沒能擁有的能力，或是最簡單的，有可能這孩子就是長得最得人緣，最討人喜歡。

於是，「偏心」的心態滋長了，「行為」跟著「心態」產生了，於是，爸媽便可能將最多的資源留給了這個孩子，但實際上，這個孩子卻是最有可能因為恃寵而驕，進而一事無成、浪費資源的人。

最可怕的，是這個小孩，有可能是最不懂得「愛」的人。

於是爸媽就算沒有期待「養兒防老」，沒有期待這個獲得最多資源的人多有出息，卻很有可能發現，這個最不懂得「愛」的人，在爸媽逐漸老去的過程中，不但浪費了父母挹注的金錢，也辜負了父母的愛，甚至還傷害「愛」他的人。

所以這裡想說的「大逆不道」，是想告訴大家，長幼有序，或者那些兄弟倫理，我依舊建議，用「愛」取代。

當長兄愛你，你自然會回饋。而且更重要的是，即使在家庭裡面，妳或是你，不管是哪個角色，是爸媽、是兒女、是大哥、是小妹，都要學會一個技能。

那就是「識人」！

不要因為對方是自己的小孩，是自己的兄姐，就「識人不清」！

因為你們在同一個家庭裡，如果你不懂得看人，爸媽會將資源財產留給錯誤的人，兄弟姊妹也有可能被所謂的手足欺騙，甚至傷害！將綱常倫理放在一邊，把所有這世上給予的「稱謂」、「關係」也放在一邊，請你對待每個人，都把他們當作一個獨立的個體，客觀評估。

這樣一來，你會在家庭裡找到和你合拍的靈魂，不管是爸媽對子女，或者是兄弟姐妹之間，那會讓你將「愛」放在對的人身上，而不會因為這個世俗的框架，讓你看不清誰才是可以真心託付之人！

*****

我二十八歲結婚那年，老哥在參加了我的婚禮之後，人就消失了。事後我才知道，在銀行上班的他，挪用公款，欠下巨額負債，甚至讓我的母親，也為了幫他還債，跟朋友借了不少錢。因為人情債加上金錢債務，使得獅子座的母親，罹患憂鬱症。

也種下了二〇〇二年她自殺的因。

第十八話

敬老尊賢，說穿了是另一種歧視

二〇一九年，我因為改編自己原著小說，又身兼導演的電影作品，在大陸上映後創下一億多人民幣的票房，於是被邀請到中國大陸，當小說ＩＰ改編相關比賽的評審。

我非常深刻記得，在第一次和十幾位選手，以及數位大陸官員一起晚宴時，有一名大陸的女性參賽選手（這名選手後來拿到第一名）看到我，驚訝地說不出話來。

事後，我才從她的口中得知，為什麼當晚看到我會有那種反應。

她說道：「Ｈ老師，當時現場除了參賽的年輕人一眼就看得出青澀感之外，其餘人士都是高官，甚至包含了中國國台辦馬曉光先生，但是你的打扮和氣質，卻輕鬆地像是在逛你家客廳一般，太……做自己了……」

而事實上，在那頒獎典禮前的一、兩天，我也覺得自己和那些官員們話不投機，實在格格不入。

*****

華人的文字是富含意義的。

因為繁體字的造字原則——象形、指事、形聲、會意、轉注、假借，在在都讓這些字，除了人們賦予文字本身的意思以外，好像文字本身還會讓讀字的人衍生出更多感覺。

但是我卻對於「成語」這個結構的存在，相當的反感。因為，成語把原本可以被多樣解讀的字，硬是塞進四個字之中框架起來，事實上，這樣更容易導致我們在使用上偏離原意。

如果硬要說對成語的批判也是種「大逆不道」，我也覺得是吧！我就是不喜歡這些成語，尤其是套有「關係稱謂」在內的成語。

就像這一話所提到的「敬老尊賢」一語。

講到老人，在現代社會最容易跳進我腦海的新聞，就是博愛座。這類的新聞平易近人，但卻諷刺至極。

「博愛座」在台灣捷運上的英文翻譯為「priority seats」，在圖示上，則是標明了「拿拐杖的人、孕婦、腳受傷的人以及帶著小孩的人」。

然而在近幾年最受爭議的博愛座新聞，都是關於老年人指責一個看起來身體沒有問題，也毫無病容的年輕人，竟然大方坐在博愛座上，然後引起爭論的事件！

我很想說，老人家對於「博愛座」的解讀有誤；大家對於「敬老尊賢」的解讀也有錯誤。

請容我好好說明。

「博愛座」的英文翻譯，簡單講是「優先順位」，也就是讓給最有需要這個座位的人。但是對老人家而言，他們看到「拿拐杖的小人」圖示，就自行解讀為老人，因此博愛座，就是不管如何，應該優先給老人坐的位子！

然而，這些圖示不只包含「拿拐杖者」，因此很有必要進一步說明。

例如「拿拐杖者」，有可能是身障者；「孕婦」也不代表一定要肚子大到看得出來，才有資格被稱為孕婦！「腳受傷上石膏」的圖示，不只能解讀為重大傷病患者，而是包含身體內外在不適者，具體來說，就連月經來時的女性，也有極大機率感到身體不適而非得坐下才行；至於「帶小孩的人」，我認為也可以延伸為帶著極多行李包裹的乘客！

所以，博愛座不是「老人座」，「博愛座」真正的意義是「優先座」！

那為什麼我說人們對於「敬老尊賢」這成語的解讀也有錯誤呢？

因為，我們窄化了「博愛座」，卻放大了「敬老尊賢」一詞的意義。

我們從小聽「敬老尊賢」，因此一遇到長輩，我們就會比較侷促，比較含蓄、比較有禮貌。

當然，有禮貌並沒有毛病，可是對於任何一個老人都要給予尊敬，我倒是認為，這不該是個先入為主的觀念。更重要的是，反過來，老人們絕對不應該拿著「敬老尊賢」這四字盾牌，覺得只要是年輕人，就一定要對自己畢恭畢敬！一如我所說的：「關係或稱謂會改變態度，進而衍生問題」。

如果我們遇到任何一個老人，都要率先拿出比起對待一般人而言還要敬畏的態度時，那麼這種做法會提供老人一種莫名的優越感，尤其詬病的是，當對方根本不是一個值得尊敬的人時。

在這裡，我還是要強調，我不是希望人們不尊敬彼此。而是我認為任何一個人，都不應該先入為主地，用特別的態度去對待不同的族群，一如種族歧視，一如年齡歧視。

既然不要歧視，我認為也不需要特別尊敬，因為只要平等對待，給予相同的愛，這樣一來，你對老人不會有期待，一個真正懂得謙虛的老人家，也不會有壓力！

這種練習，有助於你在任何場合面對任何權勢、任何地位的人，都可以保持平常的自我，可以成為一個有禮貌，對任何人事物都有愛，又能時時保持平常心的人。

我們不會因為特別的心情而做出奇怪的舉動、說出不夠適當的話語，因為你看待所有人平等，你會表現得既從容自在，又像你自己。

當然了，如果原本的你就是個沒有禮貌的傢伙，那這就不在我們討論的範圍裡了。

*****

至於「尊賢」呢？其實也是一樣的邏輯。

這個時代，不缺名人、網紅網美、意見領袖等等，每個領域，都有「賢者」。這就出現了一種迷思。在某方面有能力的人，我們就得要尊敬他，甚至崇拜他、景仰他。

然而事實上，「賢者」就跟英文諺語裡面的「專家」一般。在這個時代，其實大多數，只是從訓練有素的狗，化身為人設精準的戲子，關於這種「賢」，你非得要尊敬他？我想，應該大可不必！

有太多新聞說盡了這種賢者從天上跌落神壇的故事。

因為，沒有完美的人，賢者往往能好在你看得到的這一面，但很難好在你沒看到的其他面。等到哪一天，他的某一面驟然現身時，你不但會對他失望，也會對自己失望。

除此之外，崇拜偶像是這個時代最不需要做的事情。

既然你崇拜的偶像都在標榜做自己，你為何不做你崇拜的人最常做的事情？就是做你自己、愛你自己，就像剛才「敬老尊賢」的前半段一樣。當你不會盲目地去尊崇一個人時，你會在任何人面前做自己，你會客觀地看待一個人的優點，而不會單純因為一個人擅長某件事，就神化這個人。

那麼，你會活得更像自己，而這就是這個時代，該有的生活態度。

*****

回到前面的故事。

第二天的頒獎典禮上，發生了一個狀況。我和一眾高官，就坐在舞台第一排，被安排一個一個輪流上去頒發獎狀。

同樣地，當時坐在我身邊的男人，是個當地出版社的高級領導，我們相鄰坐了一小時多，談話沒超過兩句。

輪到我上台頒獎時，叫到得獎人的名字，我站在台上，正準備等得獎人上來領獎。豈料，要來領獎的人是跑上來了，但我發現台下還站著另外一名女性，一問之下，才知道台下的女性才是真正的得獎者，但因為她是視障人士，她怕耽擱典禮時間，就委任朋友上來領獎。

我見狀後大叫不行，我堅持典禮暫停。我心想，都大老遠跑來杭州一趟，獲獎了卻沒上台領獎，我認為這對她而言太遺憾，太說不過去。

於是我自己下了台，手把手地牽了那位視障獲獎者緩緩走上台，雖然花了點時間，但總算圓滿完成。

事後，我走下台回到自己座位上，先前那位坐我身邊的出版社高級領導，伸手對我比了個大拇指，接著拿出名片來要與我交換。看待我的眼神，也有了改變。

我知道，我在「做自己」的同時，無意間贏得了別人的尊敬。而這一切，和「老」與「賢」都無關。

Chapter Three

×

教　育

第十九話

比「國民基本教育」更重要的事

小時候的我，對於不少事情是感到恐懼的。

那個時代沒有現在如此進步的醫學，因此不會有專業的醫師來分析，我這樣的小孩，是處於什麼情況，是否離自閉光譜近些，是否有社交恐懼，對於一些狀況，我只能靠回想，才能慢慢推敲出，自己到底有什麼問題。

比如，我超級害怕指令。

有一次，母親要我去西藥房買藥，她告訴我，西藥房在雜貨店隔壁，我拿著零錢，很緊張地走到雜貨店門口，我發現左、右兩邊各有一間店面，霎時，我慌了，我不知道哪間才是西藥房？或許我母親覺得那是一目瞭然，但最終，我拿著零錢回家了。

因為我走進了一間瓦斯行，開口要跟人家買藥。

當時被認為智商很高的我，因為這樣的事情被哥哥嘲笑了許久。然而長大之後，我依舊有類似的狀況。

諸如我不喝咖啡，因此對於咖啡的種類，我一概不懂。當星巴克剛進來台灣的時候，我的前妻請我幫她去星巴克買一杯拿鐵，於是，我在嘴邊反覆不停地唸著「拿鐵，拿鐵……」，因為我根本搞不清楚，「拿鐵」是什麼……

而最嚴重的，大概就是有幾年時間，我總得到大陸出差。而搭飛機前要填寫的那些出入境資料，每每讓我在排隊時，不停左顧右盼，不停觀察前後的人填了什麼、做了什麼。這類要按照規矩做事，而嚴重引發我焦慮的例子，不勝枚舉。甚至是到政府機關、銀行、大型醫院辦事，只要是需要SOP的事情，就會令我感到緊張！

現在，我老了，經歷過各種事，懂了。

我懂我怕什麼。

我怕的是，我不知道這整套流程的用意，以及每個步驟的目的又是什麼？因為無法理解，所以對於當中任何一個步驟，我都會擔心自己是否會因為一步錯，就把整件事情搞砸、無法走到最後一步！

不了解設計指令或運作規則的人，對於每個步驟到底要寫到什麼程度才算對、才是完美，是渾然不知的。因此，每一次我都非常恐懼與不安！

或許，你可以說這是我個人的問題，無需無限上綱！

然而，到了現在這年紀，看過、聽過、經歷過這麼多事之後，我真的得說，這不是個人問題，這可以說是每個人人生最大的問題！

簡而言之，如果一出生，我們就知道自己該做什麼樣的選擇會最有利的話，我相信大家都會依照SOP進行。像是選擇上哪間幼稚園呀，像是接受基本國民教育呀！

可怕的是，這樣的道理，我活到五十歲才真正說得清，我也才真正敢講出來，因為我們人生的每一步，常常都走得不明不白，只是在遵循別人給的SOP前進。原因在於，我們從一開始就不知道，自己生命的意義是什麼？

難道「生命的意義，在創造宇宙繼起之生命」？如果這句話你奉為圭臬，那麼是不是直接當個種豬，每天不停交配，人生就得到完整了呢？

就像我會跑去瓦斯行買藥，是因為我根本不知道西藥房長什麼樣子，也不清楚我為什麼要去買藥，我只是被賦予了一個任務，而不了解全貌。

根本是瞎子摸象！

因此，最重要的轉折點來了，是該大逆不道了！

我們不要接受「基本國民教育」，應該先學習生命教育。

現在這個世代，因為資訊爆炸，很多生活資訊，大家都可以輕易入手，只要估狗，甚至以後只要問AI就可以獲知生活的基礎知識。所以，很多年輕人從很早就開始接觸命理、占卜、星座、塔羅、玄學、靈性、能量等，這些和傳統教育毫無關聯的知識，也可以說是無法透過估狗立刻獲得正確解答的知識。

為什麼會如此？因為大家都很想弄清楚，所謂「生命真正的意義」到底為何？

一旦了解自己生命的目的地之後，才有可能去計畫，人生究竟該走向哪個方向，往哪個方向探索、學習，甚至有機會得知自己天生必須面對的課題，而不是浪費時間在那些「被制定出來的遊戲框架」中，學習成為一個沒有自主性、只懂得跟著指令走的NPC[1]角色。

當然，每個人對於國民基本教育的存在，還是抱持肯定的態度。但，我只能說，要因材施教！

國民基本教育也是學習的一種方式，當然會適用於某些人。然而，時代變

1．註：NPC（Non-Player Character），指的是「非玩家角色」或稱「非操控角色」，是指角色扮演遊戲中非玩家控制的角色。NPC是遊戲背景中，非主角的陪襯人物，玩家藉由他們與遊戲互動。

遷的速度太快，每個階段的教材，是否能跟上未來畢業後大環境的需求，光是這一點，就是我覺得基本教育可以廢除的一大主因！

再者，如果我們仍然把生命教育視為次要的學習，不讓孩子從生命的目的開始探索的話，那麼孩子浪費的時間會更多。

教育的目的，應該在一開始就著重在讓孩子找出自己人生的天賦與使命，越早發現、越早讓他去發展，他才能擁有更多時間，做出對人類有貢獻的事情。

所有的天才，都不是因為他們天生比人們厲害，而是因為他們後天比一般小孩更早接觸到、更早了解到自己的興趣與天賦所在，經過栽培發展，才得以成為領域內的佼佼者。

生命教育也包含「愛」的教育、「兩性教育」。在我的認知當中，這些學習遠比詳讀古人說過什麼、做過什麼，遠比超越日常生活所需的數學運算，來得實用，來得有價值！

*****

我曾經提過，在看完電影《范保德》之後，我對於劇中對生命的比喻，多了些延伸的想法。或許我的這些想法，也能作為你探索生命的參考資料：

假如，我們單純用物理的角度來看，世界就會像是一個鉛筆盒。

鉛筆盒裡面，原本放了十枝鉛筆，當你出生了，放進了鉛筆盒，那麼就是單純多出一支鉛筆。當你離開後，鉛筆盒裡面被拿掉了一枝鉛筆，剩下的還是原本的十枝鉛筆。這世界，一切，都沒變化。

如果用化學角度來看，世界就會像是一鍋火鍋。

每個人出生了，像是往火鍋湯底裡面，多添加了一份食材。當你離世了，就像是食材被吃掉或被夾走。如果以上述的方式比喻，那麼是不是你的出生與離去，就只是火鍋裡什麼都沒變，只是食材的進出而已呢？

並不是。因為當你出生，進入湯底之後，你的特質、你的所做所為，都會影響湯頭的味道。就像不管什麼人進入這個世界，都會或多或少影響世界。哪怕只是短短地影響到某個人的短暫心情，哪怕只是不經意餵了流浪貓狗一口飯。

接著，我想繼續沿用火鍋湯底的比喻。請問，你是否相信輪迴、投胎、轉生？如果你相信的話，那麼這就更有趣了。

當你進入火鍋湯底時，不管你待的時間多長多短，如果可以藉由你，讓湯頭的味道變得更好，是不是代表，你或多或少地讓這世界變得更美好一些？而這變得更好的世界，到最後是誰來享用？就是轉世投胎過後，又回到這世界的你！

所以，你在這世上的時間長短，真有如此重要嗎？還是說，你在這世界上有改變或改善多少人事物，這一點會比活多久來得更重要嗎？

一旦你這樣思考，「死亡」不但不可怕，還會給予你活力，讓你做更多影響湯頭味道的事情，讓世界更美好。因為那就等於讓未來的自己，可以過上更好的生活。

國民基本教育不可能教導你「人生」這一整個大課題為何，所以，你真的需要花上那麼多時間，學習制式的ＳＯＰ、學習規則，結果等到出社會之後，再來砍掉重練，重新學習如何不聽從指令、獨立完成自我嗎？

是時候，該大逆不道了吧！

第二十話
沒有最適合「談戀愛」或「接觸性」的年紀啦！

這一話，本應該放在前面，關於兩性、關於家庭的部分。然而順著話題的銜接，我覺得把「戀愛」與「性」放在「人生」這個部分，反而是比較恰當的。

我每天收到為數眾多的來信，這也不是新鮮事。除了大部分是正宮抱怨小三，小三自怨自艾的內容之外，當然也不乏這類故事：

「我到了三十歲，還是母胎單身，沒有談過戀愛，我該怎麼辦，我好焦慮。身邊的人都已經有了對象，甚至結婚，連小孩都有了，只有我自己，連戀愛經驗都沒有，我是不是有問題？」

又或者：

「我十五歲，可是我和畢業的學長發生性關係了，我很害怕。我不是害怕我把自己給了他，我害怕的是被家長老師知道，我害怕在同學眼中，認為我太隨便了……」

在這十幾年裡面，我去過幾十間大學演講，關於兩性，關於性。也曾經有學生問過我，這種「時間。差[1]」的問題。

我想用一段女生成長的文字描述，來讓大家看清楚，大部分華人女性在戀愛這條道路上，究竟是怎麼走過來的。

1．註：「時間。差」是H的長篇愛情小說，曾被翻拍為國片《我的第一任》（大陸片名為《下一任：前任》）。講述一個小女生從小因為家庭失和，卻不小心觸怒愛神，結果導致一輩子總是和自己最愛的男性擦肩而過。

「一名台灣長大的華人女生，從上小學開始，就有可能被規範，不可以和男生走太近，如果有男生試圖要牽妳的手，或者被異性告白，回家一定要告訴爸媽，然後爸媽就會要妳和這個男生保持距離。好一點的，會叫妳帶回家裡來給爸媽看，然後爸媽會私底下施加壓力給小男生；嚴格一點的，會直接和老師聯絡，接著和對方父母聯繫，接著妳和這個小男生就是普通朋友，而且從此以後，妳非常清楚，和異性之間，就是要保持距離。」

「上了中學之後，爸媽會用學業以及考上大學，作為人生階段性目標來綁架妳。在上大學之前，不能夠有其他事物來擾亂妳的心，尤其是感情這東西，絕對會影響妳的心情、妳的課業。」

「等到上大學之後，妳會發現周圍某些女生，很擅長跟異性交朋友，很懂得如何打扮自己，很懂得如何散發女性賀爾蒙，妳開始想要交男朋友了，但在這時期，卻沒有一堂課、沒有一個人可以教妳，如何和異性開始一段戀情，亦或者，如何挑選好的對象。」

「於是妳可能左挑右選，選到畢業了都還是單身。又或者妳可能交了一兩個男朋友，但就是說不出來哪裡不對勁，等到畢業以後，自然就分手了。」

「運氣不好的，就是在讀大學時一直沒機會和別人交往，等到出社會之後，才發現生活圈怎麼如此狹隘，而爸媽隨著年紀增長，他們的嘴臉也一天一天改變。從『不要交男朋友』，一路變成『怎麼不多交男朋友』，後來變成『趕緊交男朋友，不然嫁不出去呀』，到最後就是『隨便妳啦，妳老了就知道』……」

當然同樣的事情不是只有發生在女生身上，就連男生，在這個小眾化的時代裡，都有可能活到三十幾歲，依舊母胎單身、孤家寡人。而且看起來，未來也未必會有什麼改變！

既然如此，那就「大逆不道」吧！

這整件事情，和社會風氣以及體制有關。上一話我提過，學制所賦予小孩的框架，不但影響了他們對人生的意義與目標一無所知外，他們更不清楚，戀愛、愛情在生命裡的定義，並不是只有發生性關係，或者繁殖生育這麼單純而已。

這裡要說的「大逆不道」，簡單講，就是要認知到每個人都有屬於自己的「時區」。

所謂自己的時區，就是違背這個社會幫你訂下的規範，何必戰戰兢兢和異性保持界線？就以正常的交友流程進行，小學時期、國中時期，如果有機會能親近一個異性，就去接近、去了解。

要知道，「愛」是可貴的。愛是這世上最強大的能量，它能導引你到最好的地方、最高的層次，也是了解自己最棒的方法。

這種時候，需要同時做出改變的，是爸媽的做法。

如果希望孩子不要被社會規範影響，而錯失享受「愛」的溫暖與正面能量的機會，那麼就要從小開始教導「愛」與「性」會帶來的影響。

愛的正面力量雖然強大，足以影響一個人的一生，但是負面破壞力也不容小覷，足以毀掉一個人的性命。

就像擁有核子能量一樣，你可以讓孩子從小就活在愛的環境當中，甚至自己創造愛，你當然也要規範他們，如何去愛，愛也可能如何傷人，而不是讓父母自己的愛，直接傷害到小孩！

同樣的，「性」是「愛」的導火線之一，如何好好引導小孩學習好的「性愛」觀念，是父母的責任，而非一味禁止小孩不能了解「性」、碰觸「性」、發生「性」關係。

*****

在這本書裡面，我確實很想推翻許多陳腐的「性觀念」，但是礙於華人風氣與文化，不可能在短時間內做出大幅改變，因此這部分，我點到為止。

畢竟古代人十四、五歲，從青春期開始就有性愛經驗，現代人卻因為社會制度、學校制度、社會風氣，硬是違背人體的賀爾蒙變化，禁止孩子了解性，而不是輔以正確的性愛觀念，讓他們學會保護自己，完全是本末倒置！

孩子成長的過程，因人而異，有人一歲多就會講單字，有人兩歲就很會講話，有人很早就會站立，但我們從未因為這些特別之處，就禁止他們的行為！

別人家的小孩三歲才會講話，你會因為你家小孩兩歲就會講話，不只感到害怕、還要他閉嘴嗎？

你會因為別人家小孩五歲才會唱歌，而你家小孩四歲就會彈琴，因此禁止他學音樂嗎？

同樣地，當身體發展到青春期時，就是表示性慾已經產生，家長怎麼能禁止他們思考性，甚至完全不去觸碰性？更可笑的，還是為了要讓他們專心唸書，大家難道沒有當過孩子嗎？沒有經歷過青春期嗎？一昧的壓抑，怎麼可能是對孩子最好的方式？

的確，小孩如果很早懷孕、當了爸媽，可能會衍生社會問題。但就算是三十歲的成年人，即使有了小孩，仍然不負責任或者教養不當的，比比皆是，我們又如何能篤定，十四、五歲的小孩就沒有資格成為好父母？

或許，追根究柢，是因為身為父母的，都太不相信自己、相信孩子了？走在自己的時間軸上，人生的時區，不是只有同一種。早接觸性和愛、早結婚，不見得是壞事。即使母胎單身到中年，也是一種獨特的人生歷程。

這種生命教育，是「做自己」的一種層面，需要更健康的前行者引導，每個人才不會覺得自己被當作異類，進而為了配合別人的人生步調做出錯誤的選擇。

Chapter Four

×

職　場

第二十一話

別跟我談什麼職場倫理

寫這本書的這幾個月當中，很偶然地，我獲得了一個機會，在一間小型影音製作公司擔任顧問，而公司的總經理，年紀小了我足足一輪以上。

初期，他很不解我為什麼要來這間公司擔任薪水這麼少的職位。但其實，對我而言，就算我的經歷再豐富，過往再輝煌，如果沒有一個適合的位置給我，沒有人有義務聘請一位年屆五十，且身患重度憂鬱又癌症末期的文人。

因為不管怎麼說，對的人，要放在對的位置，才會有幫助！

即使這份薪水不高，但很巧妙地，做過多年品牌經營，拍攝過電影，長期創作故事腳本的我，剛好和這間公司從事「製作短影音」的業務，不謀而合。

由於負責人經營公司的成功經驗不多，再加上我的人脈可以帶動業務的推進，顧問一職也可以配合我不固定上班的時間，就這樣媒合了。

說起來有意思的是，公司雖小，主創團隊三人加上我，每個人都曾經自己創業過，也都曾經跌倒過，所以也都非常有自己的想法。

而這位年輕總經理，在面對每一位都接近「大神」經驗的同事時，有時候反而不知道該如何開會、該如何溝通，因為每個人擅長的都不同，同一件事情，大家切入討論的角度，更是大相徑庭。

他最常對我說的是：「我是最窩囊的總經理，因為每一個員工都可以嗆我！這樣是正常的嗎？」

要回他這句話的答案，我得把時空藉由蟲洞跳至我年輕時，第一次正式穩定工作的時間點。

那是一份動畫創意總監的工作，在那之前，其實我求職的經驗不下數十次，更有好幾次，雖然已經獲得職缺，但我卻至短一天、至多一週，便迅速離職。

當時，我被周圍的人批得很慘。

因為在我們讀日文系出來的思維中，那個時代的日本企業講究的，就叫做「終生僱用」，甚至還有「男尊女卑」、「年功序列」[1]，完全就是既迂腐、封建又傳統的公司文化。

就算到了今天，日本企業的辦公室裡面，女性主動去泡茶，做些整理文件等比較庶務的工作，依舊被視為常態。

我要說了，「大逆不道」是從我出生後，就深深刻進我的DNA裡了。

我從來就不懂，為什麼女生必須從事比較低階的工作？當然現在這個狀態逐漸改變了。

1．註：年功序列指的是日本的一種企業文化，以年資和職位論資排輩，訂定標準化的薪水。通常搭配「終身雇用」的觀念，鼓勵員工在同一公司累積年資到退休。

我從來就不懂，進入一間企業，就要認定這間企業是自己的家，必須把公司和私人生活綁在一起才叫對得起薪水？

我從來就不懂，為什麼一個人的薪水，得靠在公司的年資累積，才可以慢慢地提升，才叫做名正言順的加薪？

這些都是日本企業當年的王道，不過，因應時代演進，這些部分無須「大逆不道」，也已經順應潮流，有所改變！

話題回到我們現在年輕總經理問我的問題：「為什麼每個人都可以嗆他，總經理真的是這樣當的嗎？」

我的答案是：「對的。」

*****

這一個章節我想提的，就是在職場上，不要再提職場倫理，因為那迂腐的文化與思想，只會讓公司的進化跟不上時代，只會讓公司裡的劣幣驅逐良幣，而你唯一守住的，很可能只剩下一樣，就是「身為總經理的自尊」。

我說了每本書或每個思想理論，都和這個人的人生經驗有極大的關聯。

我從出社會開始，我帶的團隊就是「創意團隊」。我可以在上班的時候，躺在辦公室外面的和式塌塌米上休息、思考（睡覺），我也可以隨時走出辦公室去找資料、求靈感（蹺班）。我用同樣的方式帶我的團隊，即使那是二十年前的公司，但是在那個時代，我帶的團隊所創造的成績是全台灣最火紅、最有前景的網路公司！

所以，當我日後自己開公司的時候，除了會計等行政人員，需要在辦公室處理文書之外，我完全不在意同事打完卡之後，在公司做些什麼，或者臨時出門和朋友吃飯喝下午茶之類。我在意的，只有在時間限定內，你有沒有交出符合我標準的成果！

如果沒有，那麼你的行為會讓你自己顯得醜陋。因為無需我的威嚇，你就會知道，公司的運轉因為你而 delay。

當時沒有新冠疫情，沒有 WFH（Work From Home）這些制度出來之前，我就很明確的知道，公司存在的目的是創造業績與利潤，而不在遵守制度與規章，員工需要做的，是把工作結果用你認為最好的方法，做到最棒！

至於員工可否嗆老闆？

當然可以。

當老闆的人，心態是需要轉變的。員工是來幫你圓夢、幫你賺錢的。員工不是你花錢請來的工人，就算是工人，如果他可以在限定時間內完成高品質的工程，當老闆做錯事，老闆對人的態度有問題時，被誰嗆，都是合理的。

這和這本書我想要闡述的精神，是一脈相通的。

在公司裡，沒有男尊女卑，沒有階級對立，不需要小心呵護老闆的自尊，但是需要有禮貌與愛。

當我的員工講話不客氣、聲量提高、脾氣爆發的時候，我會快速地辨別，他究竟是因為工作上的事情而情緒不穩；抑或是，他純粹不喜歡老闆、不喜歡哪個部門主管，所以出言譏諷、不以禮相待。

如果是後者，我會私下溝通，若屢勸不聽，我會要他走人！

如果是前者，我會歡迎光臨，儘量衝著我吶喊！只要那是對的溝通，我們無需把討論的詞語或情緒，往心裡走！

尤其現代社會，幾乎人人斜槓。

在你這裡是員工的人，可能在別的場合，根本就是個專案負責人甚至是老闆。試問，如此扁平的關係底下，有需要維持職場倫理或者階級制度嗎？

你硬要堅持這種八股，只會讓能人紛紛求去。因為在其他地方，他可以得到尊重，還可以暢所欲言。更重要的，是這樣的溝通，會讓工作的效率更高，事半功倍！

當一個會議進行二十分鐘都是同一個主管在報告，卻沒有任何事情推進的時候，就可以知道這是無效溝通，就可以理解這個公司完全是空轉。

嘗試讓每個人都是平輩，嘗試讓每個人都可以做自己，說出對任何一個專案或是工作流程上的缺失，並且平心靜氣地接受。

否則，ＡＩ人工智能，很快就會省掉我們浪費的時間，直接丟出答案。

做自己，讓員工做自己，讓每個人都能做自己最拿手的事，說出最正確的意見與評論，即使這是「職場倫理上的大逆不道」，在我看來，才是現在這個時代的企業王道。

第二十二話

靠「性吸引力」賺錢才是王道？

好吧，我必須說，或許標題應該要改成，靠性吸引力賺錢是否得到「尊重」？

事實上，應該是所有的工作，都應該被人尊重。不被尊重的往往是態度、是手段。

這一話，我想聊聊靠「性吸引力賺錢」這件事。兩個我在生活中遇到的小故事，分享給大家。

曾經，在我經營「Yume乙葉夢銀飾」品牌時，招募過很多專櫃小姐。當然，在履歷上，大家都會寫得光鮮亮麗，甚至連個性或是習慣，都會以發揚自己優點為主軸來描述。

其中令我印象最深刻的是，有次開完會，和某幾個專櫃小姐一起吃飯，席中有個小姐和我聊到她如何掌握客人的習慣，如何推測客人的心態。

她講得頭頭是道，引起我的興趣。

「妳這些，都是哪裡學的？看書學的嗎？」我說。

「老闆……」她四下看了看，確定聊天當下旁邊沒人便接著說：「我以前，做過酒店小姐……」

「喔喔……」我有點驚訝，畢竟一般人，是不會告訴人家這種經歷的。

事實證明，這個小姐的業績確實特別好，而她在公司裡，也非常有人緣。

當時的我，本來就對夜生活不陌生，也認識好幾個在做酒店的女性朋友，而她們給我的感覺，有一些共同點。那就是，她們非常清楚自己販賣的，是虛幻的感情，而不是真情。

另外一個故事，則是一個長期做證券業的朋友，在某次聊天時，她不經意地說：

「你們上電視，不是都要講很多故事嗎？你的故事都哪裡來的？」

「大部分是身邊朋友講的，或者是讀者寫信告訴我，當然我自己也遇過不少事情……」我說。

「但其實，你們講的都不夠勁爆呀，真正的不道德，都不在那些黑暗的地方，而是在看起來光明的世界裡，那些被擋住的角落……」她說。

我從不知道，這位做金融業的女性朋友，對生活如此自有一番哲理。

「什麼……意思呢？」我說。

「很多行業，都是睡出來的，不是只有演藝圈的潛規則，更不用談什麼酒店小姐的工作。在我們金融圈、保險業，甚至連房仲業，都聽過太多靠這種關係拿下案子的事了……」

後來她具體說了些案例，簡單來說，就是不分男女，在她所知道的金融圈裡面，很多人都藉著曖昧、假裝單身，甚至隱瞞已婚身分大方劈腿，藉由這種手段拿到案子，在公司裡呼風喚雨。

上述酒店小姐和一般上班族的行徑，兩者在本質上看起來似乎雷同，但是在我看來，卻完全迥異。

因為酒店小姐是開門見山的販賣愛情的假象，或是性愛。然而，為此走心的客人，說穿了是違背規則，不能責怪做這件事的人沒有良心。

而上述案例的業務人員，卻是將假象偽裝成真心，去換取工作上的利益，讓客戶以為自己有機會交往或是進一步接觸，即使買賣成了，但在某種層面上，我認為這種事情，叫做「詐欺」，而不是 Top Sales。

這一話或許談論的不算「大逆不道」，但如果有人認為我推崇「酒店業」勝過「其他服務業」，可能就是一種大逆不道的說法吧！

記得與朋友們討論到這個議題時，有人持很強烈的態度反對我的想法。

他們認為，在這個時代，就像路邊小販也可以因為露事業線的短影音而爆紅，進一步獲取高額的營業額。這不過是「做自己」的一種表現，而會對這種事情持反對意見的人，只是因為自己沒有那種條件，或是愛面子不敢露而已，根本沒資格批判。

然而，我想說的是，「做自己」這三個字，永遠都有一個底線，那就是「不要做出有可能因此傷害別人，或者傷害自己」的事情。

一位在路邊賣麵線的老闆娘，她絕對有權利穿得清涼，妳要說她在展露自己優點、吸引客人也好，或者她就是喜歡那樣的穿著，是在做自己也好，這條界線，我相信大家都是無從置喙的（我也認為女性穿著清涼，不等於她們可以被侵犯）。

然而，如果因為這樣而上門的客人，有人願意出手下單一百碗麵線之類，甚至提出要求，希望老闆娘能和他出去看場電影、吃頓飯。我認為，這瞬間，這條界線，就逐漸模糊了。

很多朋友和我討論到這個階段，還是會告訴我，那是她的自由，她可以決定自己是否要利用「我們有可能發生什麼」的想像，讓客人掏出更多錢。

但是，如果這位客人，誤以為老闆娘這些舉動中也包含了真心和愛情呢？「我如果買得得多，她就會更愛我，因為她都和我出遊了！」對方有這樣的想像，也不無可能吧？

當然這種事情也有兩種結果。

一種就是，客人真的花了高價買單，也獲取了他要的「跳過愛情，直接到最後的性」這個結果。對客人而言，他很滿意！畢竟人財兩訖，各取所需，這結果，沒人可以詬病。

可是，也可能出現另外一種結果。

那就是，客人以為老闆娘真對自己有意思，花了錢，也發生關係之後，結果才發現，老闆娘對所有出高價的人，都是一樣的應對方式，因為她要的，只有訂單。

在一百個客人當中，你難保裡面不會有心態不夠強大、不夠健全、不夠社會化、不夠理解黑暗面的客人，進而會對老闆娘的作法產生怨妒。因此，老闆娘已經不是在「做自己」，而是透過「假裝做自己」來賺取利益，甚至可能引發客人由愛生恨，對她做出可怕的舉動。

正因為如此，我才要強調，這是個「做自己」的時代，但是「做自己」是否應該有界線，用來保護自己，是每個男女都應該思考的。

也是因為如此，我認為，有時候「酒店小姐」所做的事情，比某些「上班族」更值得尊敬。

因為酒店小姐清楚地知道自己在販賣虛假，而上班族卻是清楚地知道自己以掩蓋虛假的手段來達到目的。

雖然說，任何一個行業裡面，桃花旺都是好事。

因為僅僅憑著人際關係好，就能省去許多麻煩事，甚至直接達成目的。

但就是在這樣已經分不清規則的時代裡，我們越要更清楚心中的那把尺、那條界線在哪，才不會讓自己受傷，也不會讓你的客人誤會，進而衍生出無可挽回的傷害。

Chapter Five

×

生　命

第二十三話

面對死亡，我們不需要遺憾

在寫這本書的時候，適逢我罹患癌症，不但是罕見的攝護腺癌（國人平均罹患此病年齡為七十二歲），而且接近末期。

為了抗癌，我接受了賀爾蒙治療，也動了攝護腺切除手術，這一切過程，在很多媒體都搜尋得到，我也就不多贅述。

然而，令我意想不到的是，當我在自己的社群媒體上，公開了罹癌消息以及自己的反應與心情後，各界湧入的，較不是對我病情的好奇，而是疑惑我為何如此樂觀。

就連我住院時的護理長都說：「你會不會太亢奮了？要是再晚一點發現，

可能癌細胞就會侵蝕骨頭、壓迫神經、下半身癱瘓，生命可能只剩下兩、三年……」

接著，我上媒體侃侃而談關於生病後的後遺症，以及可能面對的性功能障礙、漏尿等狀況，我談得稀鬆平常，這又令大家更不解了！

但站在我的角度來看，我對於大家的不解，反而感到不解。

有惡意網友留訊息給我：「我爺爺七十幾歲才得攝護腺癌，你才五十，你身體很爛是嗎？」甚至有朋友傳了訊息過來，提早對我說再見：「做兄弟的，幫不了你什麼忙，我只能說，這輩子很高興認識你……」

對於這些留言，我一點情緒起伏都沒有，但比較深的感觸是，原來大家對於生病與死亡的感受，是這樣的呀！

可惜，恐懼，未知，遺憾，怎麼會……

然而我一貫的價值觀都是，所有在你認為「應該」的事情上，你都錯了。因為你侷限了你的生命和這個世界，這不是成熟，這沒有進化。

除了身分、關係、稱謂而產生的制約之外，世界上任何一件事情，都無需用「應該」來框架！

所以我說，該「大逆不道」了！

「生老病死」是應該的嗎？「生老病死」是一定會發生的事，但你說每個人都「應該」逐步經歷「生、老、病、死」，這我就完全不認同了。

因為，這四個字裡面，一定會產生的只有，生，以及死。

不一定會出現的則是，老，還有病。

這四個字出現的順序，只有生、死，是確定在最初與最末的。然而太多人把這四個字的順序看作理所當然，看作「應該」如此，一旦不符合，那麼就是不合常理，就必須悲痛莫名，就是人間悲劇，就是沒有福報！

台灣人的平均壽命，已經達到八十歲了。因此很多人認為沒有活到七、八十歲，他的人生就是個遺憾。

我的感覺是，說笑呢！

沒聽過嬰兒早夭的嗎？沒見過路上車禍輾死學生的嗎？沒見過青春年華跳樓的嗎？

我的母親不到五十歲，上吊自盡。她應該要活到八十歲嗎？

或許一開始我也這樣想。可是，在這個你無法解釋所謂「命運」的空間次元裡，她就是只活到四十幾歲。

而我，如何調整自己的人生觀？如何面對未來的自己呢？

我告訴大家，為什麼我可以坦然面對罹癌，而且一點都不感到遺憾。

因為，**我不在乎生命的長短，我在乎生命的精彩！**我在乎我是否體驗過我想體驗的，我不在乎我的生命長度是否達到國民平均壽命。

活到平均壽命的意義何在？

如果活得不夠精彩，八十年後羽化升天，你依舊只是一抹無人記得的靈魂。

但假若你只活過十八歲，卻能在十八年裡面盡力做好每一件事，讓身邊人感動並且印象深刻，那麼，就算你英年早逝，又有什麼值得可惜、有何悲傷可言？

「生老病死」的用法，會造成誤解。

一個人的生命，必定依照生、老、病、死的時間序嗎？

實際上，有多少人在年輕時就罹癌；有多少人罹患先天性罕見疾病、從小與病魔抗戰，還不見得活得下來。

完全不然，更有可能的是「生、**病**、**老**、死」！

亦或者，還沒老去，就已逝去。那就會是「生、病、死」！

俗人認為最好的情況則是「生、老、死」。沒經歷過什麼病痛，就自然老去而亡。但我依舊想反問，如果你的生命中，不曾給予這個世界任何幫助或變化，這樣的「生、老、死」，就是一條生命來了，又走了，意義何在？

更有甚者，有人的歷程只有「生、死」。

沒機會長大，也沒有經驗過衰老，而是直接進入死亡，這樣的生命過程，不也有嗎？

這些事情值得遺憾嗎？

完全不需要。

因為每個人來到這世上的任務不同、劇本不同，沒達到平均年齡便過世的人，我們就要覺得遺憾？真該遺憾的，是那些苟延殘喘活下來，卻對世界與周遭一點貢獻都沒有的傢伙，我才覺得，你活下來，那才叫做遺憾！

不要被「生、老、病、死」這四個字的順序或觀念給綑綁了！

人生重要的是在生與死之間，你經歷了什麼、付出了什麼！

活出自我、幫助世界、拯救周遭、愛護親友，做好上天賦予的功課。那麼，不管你活長活短，你的靈魂都會因為走過這一遭，而獲得進入下一趟旅程的裝備。下一場遊戲，你的技能與血條絕對會更滿！

第二十四話

我支持躺平族

我問 ChatGPT：「何謂躺平族？」以下是它給我的解釋。

「『躺平族』是近年來在中國流行的一個詞彙，指的是一些年輕人不願意努力奮鬥，放棄追求高薪、高職位的生活方式，而是選擇放鬆、享受生活、避免壓力的生活態度。他們認為追求成功是一種負擔和束縛，更喜歡尋求自由和平靜的生活方式。

『躺平族』在網絡上廣為流傳，被一些人視為一種反對現有社會價值觀的生活態度，也引起了一些爭議和討論。一些人認為躺平族的出現反映了現代社會競爭激烈、壓力大的現實，也反映了年輕人對於就業市場不公平和社會階級固化的不滿。而另一些人則認為躺平族的生活態度缺乏責任感和進取心，對於個人和社會發展都是一種消極的影響。」

＊＊＊＊＊

小時候，我的母親不會唸所謂的床邊故事給我聽（畢竟她自己書都沒讀過幾本），但是她會溫柔地在我床頭，講現實生活中的故事給我聽。

那些關於我爸爸在年輕時娶了她之後，卻因為賭博欠了一屁股債，債主追上門，我爸爸狼狽地逃到屋頂上躲起來，只留下一個才剛滿二十歲左右的女人，面對黑道。

我母親在我快睡著前，總會說上那麼一句話：「要出人頭地，要賺錢。」

在睡覺之前，我沒有力氣反駁什麼，畢竟那就是我們家所謂的「床邊故事」。然而等我開始學會講話，了解回嘴是怎麼一回事之後，在我母親眼中，我成了外星人。

一種不懂得「金錢」為何物的外星人！

我還記得在我讀小學時，我告訴我的母親，這世界上，金錢的力量並不是萬能的，最強的力量，是人心。

如果有人心甘情願給你錢，那麼，錢就不是最重要的事物。

最重要的是如何讓一個人的心，願意向著你。

當然，在我出社會之後，我開始理解「金錢」的具體力量。那是在，租房子無法選擇自己喜歡的地段，無法挑選自己鍾意的裝潢時；那是在，逛街的時候，無法買下自己喜歡的衣物，無法滿足身旁心愛的人的欲望時。

於是，我覺得自己長大了，尤其在母親過世之後，我懂了母親想要表達的事情。我開始鞭策自己，研究如何賺錢，當然，我也不願意放棄自己想做的工作。於是一邊賺錢，一邊結合自己想做的事情，就變成一種我一輩子都在維持的平衡。

在四十歲之前，我覺得自己做得很好。

我在台北買了自己的房子，開了自己的公司，出版了自己的書，擁有了自己的品牌，也同時掙來了名氣。

我認為我成功了。

我不但可以賺錢，還可以做自己喜歡的事情。我不但沒有背叛自己去做不想做的事，我還可以證明自己，就算「賺錢」在我看來只是一種滿足欲望的愚蠢追求，我依舊盡了全力，做到最好！

三十到四十歲那些日子裡，根本就像是賽馬。

我在跟全世界認識我的人競賽。我不放假、我不過節，我鞭策自己，迅速擴充公司，嚴格要求員工。我不讓自己腦袋休息，一年可以出版三到四本書，我一飛沖天，品牌做到台灣第一，書籍賣到排行榜第一！

那時候的我並沒有察覺，我不是在過生活，而是在滿足欲望。

拚得最兇的那幾年，是我體重最胖，或許也是身體狀況最差的時期。因為我毫無設限，賺了錢，就吃所有我想吃的東西，喝所有我想喝的酒，買所有我想買的東西！

欲望來了，那就滿足它。不管，是在哪一方面！

接著在二〇一二年，我被背叛了。

我失去了公司，失去了房子，失去了團隊，失去了人脈，失去了出版社，失去了一切我原本可以用來獲取金錢、滿足欲望的團隊、道具、金錢……

然後我在這十年間，背負著前女友留給我的債務，雖然我依舊可以賺取一般人眼中不錯的收入，但是那些收入，卻都被債務給吞噬了。

我的再創業，不再順利；我的再創作，不再熱賣；我曾經有過的欲望，開始無法被滿足。但同時間，我也發現，我根本不在乎那些欲望是否被滿足，我回到了孩提時期，想起了那時候的想法：「『金錢』根本不是重點，人心才是。」

因為人心有了欲望，你會吃得多、吃得好，你的身體會因此而變胖，變得不健康；因為人心有了慾望，你會看上美麗小姐，你會盯上有錢老頭，你不是因為愛而接近人家，你是為了性，你是為了錢！

在我看清人間的起落，了解重要的根本不在於賺錢與否，而是內心修行之後，我逐漸理解，年輕人何以出現「躺平族」。

一如我從當年的世俗成功跌落到昨日黃花之後，我體悟到，很多成功與否，不是個人努力的結果。那是運氣與時勢的結合，那是既定的成果，不是盡力的結果。

許多人不懂為何「身心靈」在這個時代特別受到年輕人重視！

你或許可以說，因為在物質生活裡，在傳統規範中的成功，難度提升了。但是你也可以反過來想，就是因為時代不同了，大家發現那種傳統規範的成功，不見得是好事。因為那只是一種滿足各類欲望的生活方式，他無法提升你的心靈水平。大部分世俗成功的人，看人的眼光，都過於狹隘，都偏於表面。

你聽不到一個世俗社會裡被定義成功的人，會誇獎你的靈魂漂亮，會誇獎你的心智清澈，會誇獎你的修行崇高。

當你禁欲修行，讓自己的身心靈更清明，更去體會靈魂在這世上存在的意義，以及未來可以達成的目標時，那些世俗成功的人會理直氣壯地替你下定論！

因為你們是失敗者！

因為贏取不了成功，獲取不了勝利，所以你們退出比賽，你們躺平等著被社會碾壓，因此你們躺平，你們不再出來比賽了！

然而，對於新世代的人類，那些世俗成功者怎麼知道他們想比什麼呢？郭台銘嘲笑賣雞排無用一說，或許在追求心靈平靜者眼中，只是某種程度的躺平罷了。

我只要賺取能支持我肉體所需能量的金錢，我和你，其實是在心靈成長的道路上競賽著！

你不停擴充自己的慾望，滿足自己的野心，你認為那叫成功，在我眼中，那可以稱為縱欲。

這是我認為的「走在王道」，但卻可能是你們眼中的「大逆不道」。

當這本書出版之時，AI人工智能ChatGPT熱潮已經席捲全球，人類需要做的事情越來越少，你不藉此機會往內求自己的靈性提升，還在擔憂自己的工作會被機器人取代？

本末倒置了！

第二十五話

給我真正的安樂死

二〇〇二年四月十號下午。

一個再普通不過的日常。我搬著租書店借來的《第一神拳》躺在沙發上，正打算重新回味時，那個從小告訴我，要去賺錢、要出人頭地的母親打了電話給我。話筒那頭的她，聲音是顫抖的，而我接完她的電話，我的雙手是抽搐的。

這段過程，我在媒體、書裡、文章內，陳述過無數次。

母親因為家裡的負債，引發了憂鬱症。接著又因為和父親的口角，導致她在當天下午打完電話給我之後，上吊自殺，結束了她的生命。

那一年，她四十九歲。而如今的我，已經比她當年過世時，年紀還要來得大一些。

二〇一六年八月，我進了台大精神病院病房，就因為我滿足不了那個社會給我的枷鎖，我比不贏，我被陷害，於是我從比賽中落敗了。在那之後，我一直進不了前幾名，我跑在「落後者集團」裡，我的求勝欲，沒有被滿足，於是我崩潰了，控制不了自己的心，我甚至在企圖自殺未遂的當下，也沒想起我小時候曾經告訴過我母親的話：「金錢不重要，人生最有力量的，是人心！」

的確，而那當下，我失去了我自己的心！

二〇一六年九月出院之後，我開始每天服藥的生活。安眠藥一顆、兩顆、三顆、四顆，抗焦慮藥一種、兩種、三種、四種……（這可不是在寫周董的〈星晴〉歌詞）。

一路，我吃到今天。

中間經歷了被至親背叛，家人自殺，莫須有的背負重債，憂鬱症發作，最愛的狗離開世間，然後最莫名的，就是去年發現自己罹癌（我懷疑，是因為打疫苗所導致的，不過，我真的不在意了）。

這一篇，是真正的「大逆不道」！（但其實我的內心裡，這本書所描寫的內容，沒有一個字是我認為有毛病的，你認為我大逆不道，我才真的會覺得你有問題）。

從重男輕女、父權社會，一路講到男女應該平等、女權應該抬頭。再逐漸延伸到，女權抬頭過剩，應該平衡，最後講到自己的成長應該要先了解自己，掌握自己人生，這生老病死，都應該由著自己，這才叫做，做自己。

這市面上有多少的網紅ＫＯＬ，在拚命給自己貼上「#做自己」的標籤！然而他們真的是為了做自己而做自己嗎？還是為了讓你以為他在「做自己」，藉以得到你的認同，因為你的一個認同，可以累積他的財富欲望，累積他的名聲需求，可以滿足他在這個社會對「傳統成功」的定義。

這些名人為了獲取傳統的「成功」，賺取更多的錢滿足自身欲望，想讓你認為，這就是做自己，而做自己的邏輯循環，就是可以獲得更好的生活，因為他們賺取了大量的金錢。

然而,實際情況是,他們用話術在「做自己」,藉以讓你們掏出更多的錢,達成自己的目的!

等到你開始想要學習他們,覺得「做自己」很酷,「做自己」才是真正的人生最高哲理時,你才發現,你學不了他,你無法靠著「做自己」得到財富,你無法靠他所謂的「做自己」得到名聲。

相反地,你更有可能因為想要做這些事情,而落得另外一副德性,那就是你開始自我懷疑——我在做誰?我是誰?

因為你沒了解那些傳統的「成功」定義,已經不再適用於現代。

那些人只是用了你所不知道的成功法則,去獲得傳統定義下的「成功」,再用「做自己」這三個字包裝,這一連串的社會狀態,一來顯示你被這些人騙了;二來顯示,「做自己」這三個字,也不是他們所言所行的定義!

做自己,是要打破現有的社會框架,找到你自己的天命天職,然後完全掌控自己定義的成功，完全掌控自己的生命形狀，完全掌控自己的生命長度，選擇自己在人們心中，永遠留下什麼樣的形象，這才是真正的做自己！

而在這裡面，「安樂死」，就是我要討論的「大逆不道」，因為政府或國家要保障人民的自由意志，我認為，這裡面包括了生死的自由意志！

體育主播傅達仁去了瑞士，進行安樂死。

他想要藉由這樣的行為，讓媒體廣為報導，好讓政府知道、讓人民知道，每個人都有權利可以選擇自己生命的長短，而且，不應該跑到一個不屬於自己的地方，更不應該花費那高昂的費用。

我清楚很多人認為「安樂死」是一種逃避，又或者，「安樂死」會對親友造成影響，會讓身邊的人難過！

但我想說的一件事情，很簡單。

你沒有體驗過一個人生活是如何地孤獨；你沒體驗過人生了無生趣是多麼枯燥；你沒體驗過，當你經歷過一切，對一切都提不起興趣時，你為何不能起身探索另外一個世界？

為什麼整本書，我都會以自己的生活體驗為基礎，來佐證自己的想法。就是因為，或許你正過著很好的生活，你的人生至今都是很被保護的過程，你正處在很順遂的階段，但總有一天，你會遇到我所遇到的，親人離去，摯愛消逝，看清欲望的無用，理解人心的力量，感受重生，還有另外一個世界。

我在僅有的生命裡面，儘可能地為這個生命周遭帶來最大的幫助，以及美化這個世界。用我自己的方式，改變大眾的思考，讓讀者獲得更好的閱讀感受。

我的生命，如果已經沒有更多可利用的價值，是否可以讓我用我覺得最美好的形象離開，而不用讓我選擇像巨星殞落般地從高樓墜落！

這世上早已有不少人因為對世界感到無趣，而選擇採取極端手段離開世界。那種離開是難受的，是猝不及防的。為什麼，不能夠讓人們「做自己」，從出生那一刻開始，政府、社會、國家機構，都儘可能地，讓每個人「做自己」，發展自己最獨特的能力，不用依循一般人的成長SOP，不用聽取每一個不見得跟得上時代的師長、父母講的道理，而是依照自己的靈感，真正的做最想要的自己。

如果一開始有這樣的社會，我會依循最原始的自我，不用去積極追求名利，我會去發展自己最大的興趣與潛能，會過上自己最快樂的生活。我相信，我不會得憂鬱症，更不會有癌症的產生。

然後，在我對生命的一切都感覺到完滿時，我可以有個機會，不拖垮社會健保體制的費用，安靜地、事先安排地，按照自己的風格「做自己」，結束自己的一生，控制了自己生命的長度，那麼這趟旅程，我會覺得我的掌控度很高，沒有受到奇怪觀念的影響，而是徹底地「做自己」。

支持，安樂死，合法化。

是時候該大逆不道了

一個重度憂鬱+癌末+愛情專家的『人生洞察解放錄』

作者 H

出版發行 橙實文化有限公司 CHENG SHI Publishing Co., Ltd
粉絲團 https://www.facebook.com/OrangeStylish/
MAIL: orangestylish@gmail.com

作　　者 H
總 編 輯 于筱芬 CAROL YU, Editor-in-Chief
副總編輯 謝穎昇 EASON HSIEH, Deputy Editor-in-Chief
業務經理 陳順龍 SHUNLONG CHEN, Sales Manager
美術設計 楊雅屏 Yang Yaping
製版/印刷/裝訂 皇甫彩藝印刷股份有限公司

編輯中心
ADD/桃園市中壢區永昌路 147 號 2 樓
2F., No.382-5, Sec. 4, Linghang N. Rd., Dayuan Dist., Taoyuan City 337, Taiwan (R.O.C.)
TEL/(886)3-381-1618 FAX/(886)3-381-1620
MAIL: orangestylish@gmail.com
粉絲團 https://www.facebook.com/OrangeStylish/

全球總經銷
聯合發行股份有限公司
ADD/新北市新店區寶橋路 235 巷弄 6 弄 6 號 2 樓
TEL/(886)2-2917-8022 FAX/(886)2-2915-8614

初版日期 2023 年 5 月